马达 著

青岛出版社
QINGDAO PUBLISHING HOUSE

目录

第一章　白话深圳

第二章　深圳风俗

第三章　深圳景致

第四章　深圳物产

第五章　深圳情趣

第六章　风云人物

白话深圳

一座神奇的城市——深圳

深圳有6700多年的人类活动史、1700多年的郡县史、600多年的南头城和大鹏城史，以及300多年的客家人移民史。从东汉的“盐官驻地”、宋代的香料产区、元代的珍珠之乡到清代的边防重镇，深圳这片土地在中国古代史上一直有着举足轻重的地位。1980年8月26日深圳设置经济特区后，这座“渔村”以火箭般的速度发展为中国经济中心城市，成为仅次于“北上广”的一线城市。所以，也有人将8月26日这一天称为“深圳生日”。20世纪80年代，深圳以“三天一层楼”的速度建成160米高的国贸大厦。20世纪90年代，383米高的地王大厦又以“两天半一层楼”刷新了“深圳速度”。深圳仿佛有一种魔力，让此处的人们充满向前追赶的力量。

深圳的快速崛起吸引了天南海北的人前来“捞金”，天南海北的人带来了天南海北的智慧，大家一起用智慧建设深圳，也构筑自己的梦想。当地土著少，外来人口多，深圳成了一座典型的移民城市。有句话叫“来了深圳，就是深圳人”，多元包容是深圳的城市特色。

深圳大学、南方科技大学、香港中文大学（深圳）、哈尔滨工业大学（深圳）等众多知名大学，每年都为深圳输送大批人才。这些人才年轻，有想法，让深圳也变得活力无限。2008年11月19日，深圳获联合国教科文组织批准，加入全球创意城市网络，并被授予“设计之都”称号，成为全球第六个“设计之都”。另外，深圳还拥有“钢琴之城”“创客之城”等美誉。

深圳不仅活力无限，还有魅力河山。

深圳位于北回归线以南，珠江入海口之东偏北，气候宜人。2016年6月14日，中科院对外发布的《中国宜居城市研究报告》显示，深圳宜居指数在全国40个城市中排名第9。深圳境内有山有水，风景美不胜收。去大、小梅沙踏浪，中英街购物；在南头古城、大鹏所城感受历史，梧桐山和羊台山登高望远，“世界之窗”饱览世界美景，深南大道领略深圳繁华。水贝珠宝城的珠宝让女人疯狂，东门美食街的美食让人不忍离开。不论是沙井蚝、南澳鲍鱼和光明三宝，还是令“水果控”疯狂的南头荔枝、石岩沙梨和金龟橘，都让人感叹深圳真是个好地方。

深圳这座神奇的城市，繁华美丽，充满魅力，值得到此一观，感受“深圳速度”，体会深圳活力。

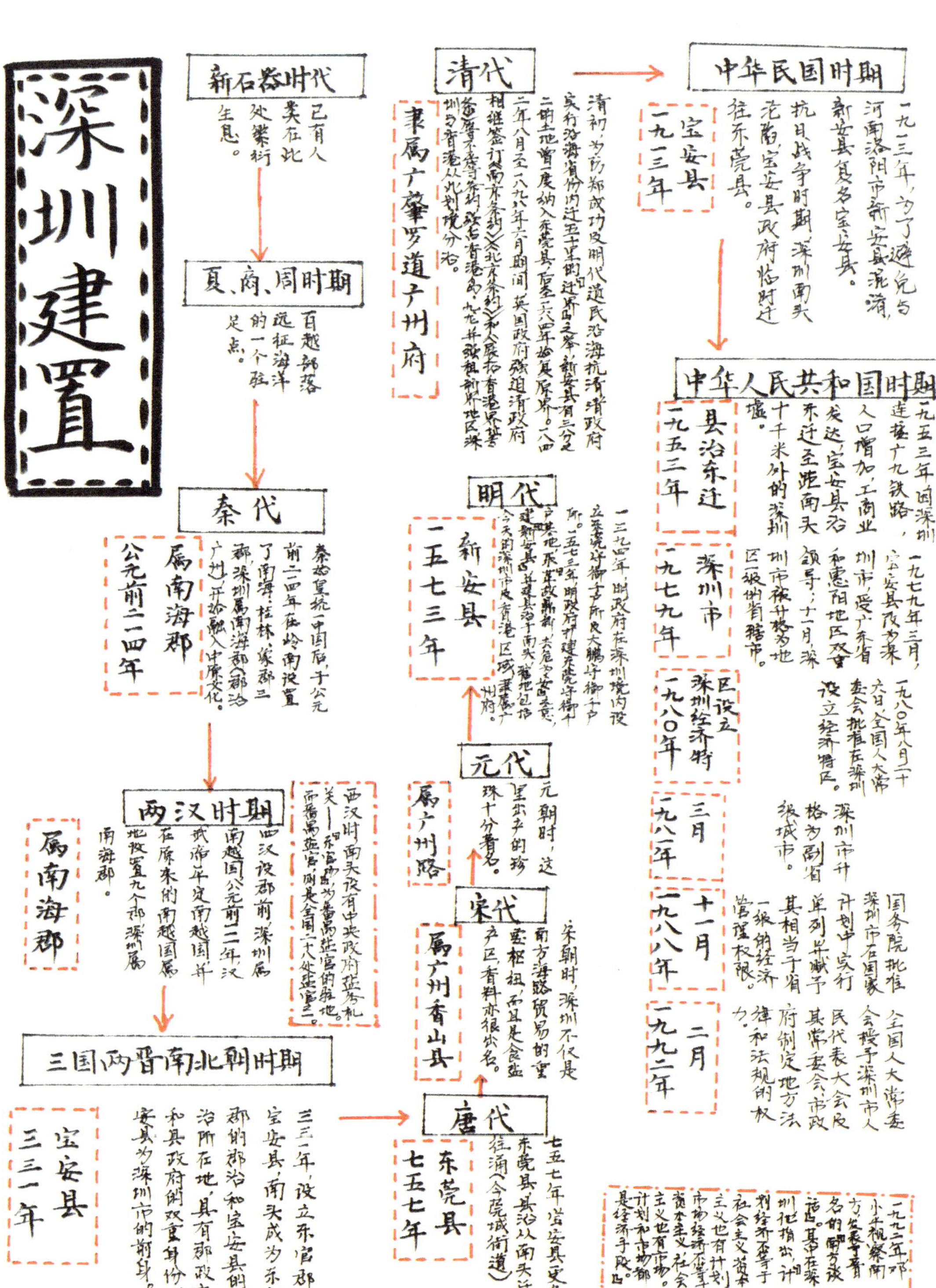
深圳建置
新石器时代
已有人类在此处繁衍生息。
夏、商、周时期
百越部落远征海洋的一个驻足点。
秦代
秦始皇统一中国后，于公元前二一四年在岭南设置了南海、桂林、象郡三郡，深圳属南海郡（郡治广州），开始融入中原文化。
属南海郡
公元前二一四年
两汉时期
西汉设郡前，深圳属南越国。公元前一一二年，汉武帝平定南越国，并在原来的南越国属地设置九个郡，深圳属南海郡。
属南海郡
西汉时南头设有中央政府盐务机关——东官盐官，为番禺盐官的驻地，而番禺盐官则是全国二十八处盐官之一。
三国两晋南北朝时期
三三一年，设立东官郡和宝安县，南头成为东官郡的郡治和宝安县的县治所在地，具有郡政府和县政府的双重身份，宝安县为深圳市的前身。
宝安县
三三一年
唐代
七五七年宝安县更名东莞县，县治从南头迁往涌（今莞城街道）。
东莞县
七五七年
宋代
宋朝时，深圳不仅是南方海路贸易的重要枢纽，而且是食盐产区，香料亦很出名。
属广州香山县
元代
元朝时，这里出产的珍珠十分著名。
属广州路
明代
一三九四年，明政府在深圳境内设立东莞守御千户所及大鹏守御千户所。一五七三年，明政府扩建东莞守御千户其地，取革故鼎新、去危为安之意，建新安县，并建县治于南头，辖地包括今天的深圳市及香港区域，隶属广州府。
新安县
一五七三年
清代
清初，为防郑成功反明代遗民沿海抗清，清政府实行沿海省份内迁五十里的迁界之举，新安县有三分之二的土地曾一度纳入东莞县，后至一六八四年始复原界。一八四二年八月至一八九八年六月期间，英国政府强迫清政府相继签订《南京条约》《北京条约》和《展拓香港界址专条》等条约，强占香港岛、九龙并强租新界地区，深圳与香港从此划境分治。
隶属广肇罗道广州府
中华民国时期
一九一三年，为了避免与河南洛阳市新安县混淆，新安县复名宝安县。
抗日战争时期，深圳南头沦陷，宝安县政府临时迁往东莞县。
宝安县
一九一三年
中华人民共和国时期
一九五三年因深圳连接广九铁路，人口增加，工商业发达，宝安县治东迁至距南头十千米外的深圳墟。
县治东迁
一九五三年
一九七九年三月，宝安县改为深圳市，受广东省和惠阳地区双重领导；十一月，深圳市被升格为地区一级的省辖市。
深圳市
一九七九年
一九八〇年八月二十六日，全国人大常委会批准在深圳设立经济特区。
设立深圳经济特区
一九八〇年
深圳市升格为副省级城市。
一九八一年
三月
国务院批准深圳市在国家计划中实行单列并赋予其相当于省一级的经济管理权限。
一九八八年
十一月
全国人大常委会授予深圳市人民代表大会及其常委会、市政府制定地方法律和法规的权力。
一九九二年
二月
一九九二年邓小平视察南方，发表了著名的南方谈话。其中在深圳他指出：计划经济不等于社会主义，资本主义也有计划；市场经济不等于资本主义，社会主义也有市场。计划和市场都是经济手段。

深圳建置

新石器时代

● 已有人类在此处繁衍生息。

夏、商、周时期

● 是百越部族远征海洋的一个驻足点。

秦代

● 公元前214年　属南海郡：秦始皇统一中国后，于公元前214年在岭南设置了南海、桂林、象郡三郡，深圳属南海郡（郡治广州），开始融入中原文化。

两汉时期

● 属南海郡：西汉设郡前，深圳属南越国，公元前111年，汉武帝平定南越国，并在原来的南越国属地设置九个郡，深圳属南海郡。

西汉时，南头设有中央政府盐务机关——“东官场”，为番禺盐官的驻地。而番禺盐官则是全国二十八处盐官之一。

三国两晋南北朝时期

● 331年　宝安县：331年，设立东官郡和宝安县，南头成为东官郡的郡治和宝安县的县治所在地，具有郡政府和县政府的双重身份。宝安县为深圳市的前身。

唐代

● 757年　东莞县：757年，宝安县更名为东莞县，县治从南头迁往涌（今莞城街道）。

宋代

● 属广州香山县：宋朝时，深圳不仅是南方海路贸易的重要枢纽，而且是食盐产区，香料亦很出名。

元代

● 属广州路：元朝时，这里出产的珍珠十分有名。

明代

● 1573年　新安县：1394年，明政府在深圳境内设立东莞守御千户所及大鹏守御千户所。1573年，明政府扩建东莞守御千户基地，取“革故鼎新，去危为安”之意，建“新安县”，并建县治于南头，辖地包括今天的深圳市及香港区域，隶属广州府。

清代

● 隶属广肇罗道广州府：清初，为防郑成功及明代遗民沿海抗清，清政府实行沿海省份内迁50里的“迁界”之举，新安县有三分之二的土地曾一度纳入东莞县，后至1684年始复原界。1842年8月至1898年6月，英国政府强迫清政府相继签订《南京条约》《北京条约》和《展拓香港界址专条》等不平等条约，强占香港岛、九龙，并强租新界地区，深圳与香港从此划境分治。

中华民国时期

● 1913年　宝安县：1913年，为了避免与河南省洛阳市的新安县混淆，新安县复名宝安县。

抗日战争时期，深圳南头沦陷，宝安县政府临时迁往东莞县。

中华人民共和国时期

● 1953年　县治东迁：1953年，因深圳连接广九铁路，人口增加，工商业发达，宝安县治东迁至距南头10千米外的深圳墟。

● 1979年 深圳市：1979年3月，宝安县改为深圳市，受广东省和惠阳地区双重领导；11月，深圳市被升格为地区一级的省辖市。

● 1980年深圳经济特区设立：1980年8月26日，全国人大常委会批准在深圳设立经济特区。

● 1981年3月 深圳市升格为副省级城市。

● 1988年11月 国务院批准深圳市在国家计划中实行单列，并赋予其相当于省一级的经济管理权限。

● 1992年2月 全国人大常委会授予深圳市人民代表大会及其常委会、市政府制定地方法律和法规的权力。

● 1992年，邓小平视察南方，发表了著名的“南方谈话”。其中在深圳，他指出：“计划经济不等于社会主义，资本主义也有计划；市场经济不等于资本主义，社会主义也有市场。计划和市场都是经济手段。”

含蓄的移民理由

深圳是座移民城市，这里的人来自五湖四海，说着夹带各地方言的普通话，也带来了家乡的特色美食，使深圳多元包容，没有明显的岭南文化的痕迹。因此很多人误以为深圳是在改革开放以后才变成移民城市的。实际上，深圳的移民历史最早可以追溯到两千多年前。

最早的一批深圳移民当属秦朝官兵。当年秦始皇灭六国后，派大将王翦率五十万大军进攻岭南，试图统治百越。没想到越人好战不是徒有虚名，秦军遭到了百越土著的顽强抗击，一败涂地。战败后，一些残兵败将流落民间，就成了最早有历史记载的北方移民。深圳的北方移民，就从这个时候开始出现了。

公元前二一四年，秦军卷土重来终于平定岭南。为了巩固在当地的统治，秦中央政府从中原迁来了五十万人。这五十万人中，除了被贬的官员，大多是朝廷重农抑商政策的打击对象——『贾人』(即商人)。所以就有了『岭南有北方移民的经商血统』的说法。

据记载，秦代的移民大致有五批，但是这五批移民多是男性士兵。《礼记》中说『饮食男女，人之大欲存焉』。为了解决士兵的配偶问题，当地官员就向朝廷提出发派三万单身女性来岭南的请求。请求的理由十分含蓄：为来自北方的士兵补衣服。中央政府自然知道其中的意思，但是一下子征集三万单身女性太难了，于是就打了个『折扣』，将一万五千名中原寡妇和未婚女子移民到南方。这些女子和北方来的士兵在深圳这片地域扎根，成为深圳比较早的一批移民。

含蓄的移民理由

深圳是座移民城市，这里的人来自五湖四海，说着夹带各地方言的普通话，也带来了家乡的特色美食，使得深圳多元包容，没有明显的岭南文化的痕迹。很多人误以为深圳是在改革开放以后才变成移民城市的，实际上，深圳的移民历史最早可以追溯到2000多年前。

最早的一批深圳移民当属秦朝官兵。当年秦始皇灭六国后，派大将王翦率50万大军进攻岭南，试图统治百越。没想到越人好战不是徒有虚名，秦军遭到了百越土著的顽强抗击，一败涂地。战败后，一些残兵败将流落民间，就成了岭南地区最早有历史记载的北方移民。深圳的北方移民，就从这个时候开始出现了。

公元前214年，秦军卷土重来，终于平定岭南。为了巩固在当地的统治，秦中央政府从中原迁来了50万人。这50万人中，除了被贬的官员，大多是朝廷重农抑商政策的打击对象——“贾人”（商人），所以就有了“岭南有北方移民的经商血统”的说法。

据记载，秦代的移民大致有五批，但是这五批移民多是男性士兵。《礼记》中说，“饮食男女，人之大欲存焉”。为了解决士兵的配偶问题，当地官员就向朝廷提出加派3万单身女性来岭南的请求。请求的理由十分含蓄：为来自北方的士兵补衣服。中央政府自然知道其中的意思，但是一下子征集3万单身女性太难了，于是就打了个“折扣”，将1.5万名中原寡妇和未婚女子移民到南方。这些女子和北方来的士兵在深圳这片地域扎根，成为深圳比较早的一批移民。

小贴士

历史文化学者认为，自秦朝平定岭南后，深圳历史上至少出现过六次较大的移民潮。

古时深圳财富来得名正『盐』顺

一九八四年，深圳上步禾镰坑铜钱窖藏出土了『五铢』铜钱，这说明古时候深圳地区的经济非常发达。古时深圳所在地区一无矿藏，二无肥田，经济发展主要靠发达的盐业。

深圳产盐的历史可以追溯到五六千年前的新石器时代。在大鹏半岛的遗址中挖掘出的红烧土块，炉箅，应当是古老的制盐器具。《汉书·地理志》中关于南海郡部分中有这样一条记载：『番禺，尉佗都，有盐官。』汉代，深圳是粤东最重要的产盐地之一。汉武帝时期，奉行『盐铁富国』的政策，因为汉代对『盐』看重，特别在深圳地区设置了全国二十八盐官之一的『番禺盐官』。这一时期盐官一职属于地方高官，位同郡守，年俸也达到了两千石。汉代深圳『盐官』的设置，对促进深圳地区经济的发展起到了决定性作用。三国时期，吴主孙皓沿袭了盐官之制，在深圳部分盐场设立『司盐都尉』，职位高于郡太守。直到明清时期，制盐业依然是深圳经济不可缺少的一部分。

时至今日，在深圳依然能从许多地方命名中看到『盐』对这一城市的影响：盐田村、盐田墟……尤其是深圳的盐田港，已经发展成为著名的大型国际海运港口。可以说，古时深圳的财富真是来得名正『盐』顺。

古时深圳财富来得名正“盐”顺

1984年，深圳上步禾镰坑铜钱窖藏出土了“五铢”铜钱，这说明古时候深圳地区的经济非常发达。古时深圳所在地区一无矿藏，二无肥田，经济发展主要靠发达的盐业。

深圳产盐的历史可以追溯到五六千年前的新石器时代。在大鹏半岛的遗址中挖掘出的红烧土块、炉箅，应当是古人的制盐器具。《汉书·地理志》中关于南海郡有这样一条记载：“番禺，尉佗都。有盐官。”汉代，深圳是粤东最重要的产盐地之一。汉武帝时期，奉行“盐铁富国”的政策。因为汉代对“盐”的看重，特别在深圳地区设置了全国二十八盐官之一的“番禺盐官”。这一时期“盐官”一职属于地方高官，位同郡守，年俸也达到了两千石。汉代深圳“盐官”的设置，对促进深圳地区经济的发展起到了决定性作用。三国时期，吴主孙皓沿袭了盐官之制，在深圳部分盐场设立“司盐都尉”，职位高于郡太守。直到明清时期，制盐业依然是深圳经济不可缺少的一部分。

时至今日，依然能从深圳许多地方的命名中看到“盐”对这一城市的影响：盐田村、盐田墟……尤其是深圳的盐田港，已经发展成为著名的大型国际海运港口。可以说，古时深圳的财富真是来得名正“盐”顺。

新安县衙内的寸土之争

深圳南山区南头天桥北有一座有着一千七百余年历史的古城池——南头古城（又称新安古城）。这座古朴的城池遗存着丰富的岭南文化，其深圳历史的开端。整个古城之中，"新安县衙"的历史地位与众不同。鸦片战争时期，香港、澳门先后从新安县被割去，新安县衙正是中外双方勘界代表的办公室所在。

清朝道光年间，西方列强通过向中国倾销鸦片获得债权，最终逼迫清政府割地赔款。由于南头古城位于珠江入海口东岸，且是岭南沿海地区海上贸易的集散地，所以不少鸦片也会从此进入中国。随后，香港、澳门先后被外强占领，为了尽可能多地保住中国土地，"勘界"成为至关重要的一项工作。

勘界，意思是双方根据条款勘测确定边界，但是在实际操作中却是"寸土之争"。据说勘界香港时，英方代表故意混淆英尺与尺这两个单位，在最初丈量香港从新安县割出的土地时过多计算了面积，直到双方在新安县衙核对文件时，被细心的中方代表发现。英方代表先以强势威逼后又利诱中方代表，最后中方代表关上县衙大门，表示宁肯与其同归于尽，也不肯退让，这才没有让英国多侵占一寸土地。

除此之外，新安县衙也是鸦片战争时多次战斗的指挥部，被称为"中国人民反抗外来侵略的第一线"。而这仅仅是整个南头古城的一座建筑，在整个古城中，报德祠、东莞会馆、老城门等，也都带着自己的故事等待人们的到来。

清代计量单位

长度单位：里、丈、尺、寸。以一百粒黍子纵向排列为一尺（约合32厘米）。

面积单位：顷、亩、分、厘、毫、丝、忽、微、纤（官方文件记录到纤）。

容积单位：石、斗、升、合、勺、抄、撮、圭、粒、粟。以营造尺31方寸600分为一升（约合1035毫升）。

重量单位：斤、两、钱、分、厘、毫、丝、忽、微、纤、秒、尘。

新安县衙内的寸土之争

深圳南山区南头天桥北，有一座有着1700余年历史的古城池——南头古城（又名新安古城）。这座古朴的城池遗存了丰富的岭南文化，是深圳历史的开端。整个古城之中，“新安县衙”的历史地位与众不同。鸦片战争时期，香港、澳门先后从新安县被割去，新安县衙正是中外双方勘界代表的办公室所在。

清朝道光年间，西方列强通过向中国倾销鸦片获得债权，最终逼迫清政府割地赔款。由于南头古城位于珠江入海口东岸，一直是岭南沿海地区海上贸易的集散地，所以不少鸦片也会从此地进入中国。随后，香港、澳门先后被外强占领，为了尽可能多地保住中国土地，“勘界”成为至关重要的一项工作。

勘界，意思是双方根据条款勘测确定边界，但是在实际操作中却是“寸土之争”。据说勘界香港时，英方代表故意混淆英尺与尺这两个单位，在最初丈量香港从新安县割出的土地时过多计算了面积，直到双方在新安县衙核对文件时，被细心的中方代表发现。英方代表先以强势威逼，后又利诱中方代表。最后，中方代表关上县衙大门，表示宁肯与其同归于尽，也不肯退让，这才没有让英国多侵占一寸土地。

除此之外，新安县衙也是鸦片战争时多次战斗的指挥部，被称为“中国人民反抗外来侵略的第一线”。而这仅仅是整个南头古城的一座建筑，在整个古城中，报德祠、东莞会馆、老城门等，也都带着自己的故事等待人们的到来。

深圳的曾用名——宝安、东莞、新安

深圳有着近一千七百年的历史，在不同时期，有着不同的名字。

深圳最早的名字非『宝安』莫属。公元三三一年，东晋设东官郡，下辖宝安等六县，郡治宝安县。宝安县的范围包括今天的深圳市、香港特别行政区、东莞市部分地区等。这是深圳地区设立郡、县级行政机构的开始，也是深圳城市历史的开端。而之所以称深圳地区为宝安，是因为当时宝安境内有座宝山，山中有银矿，取『得宝而安』之意。

到了唐朝，在七五七年，宝安县又被改称为东莞县，原因大概是附近盛产莞草。

明朝时，东南沿海经常受到倭寇、海盗侵扰，深圳也不例外，因此一五七三年，明朝将东莞县的部分土地分出来，在宝安故地建新安县，『新安县』之名，取的则是『革故鼎新，去危为安』之意。

『新安县』的名字从此一直被沿用，直到一九一四年，中华民国政府对全国进行行政区域调整，广东新安县因与河南新安县同名，又被改成『宝安』。民国时，深圳一直用『宝安』这一名字。而『深圳』这一名字，却早在一四一〇年就见于史籍了，当时的『深圳』只是个小村庄，到清朝初年，方才建『墟』（乡村定期的贸易集市）。一九五三年，因深圳连接广九铁路，人口增加，工商业兴旺，宝安县治也迁到此地。一九七九年三月五日，国务院将宝安县升格为深圳市，从此『深圳』之名就随着改革开放的春风传遍大江南北。

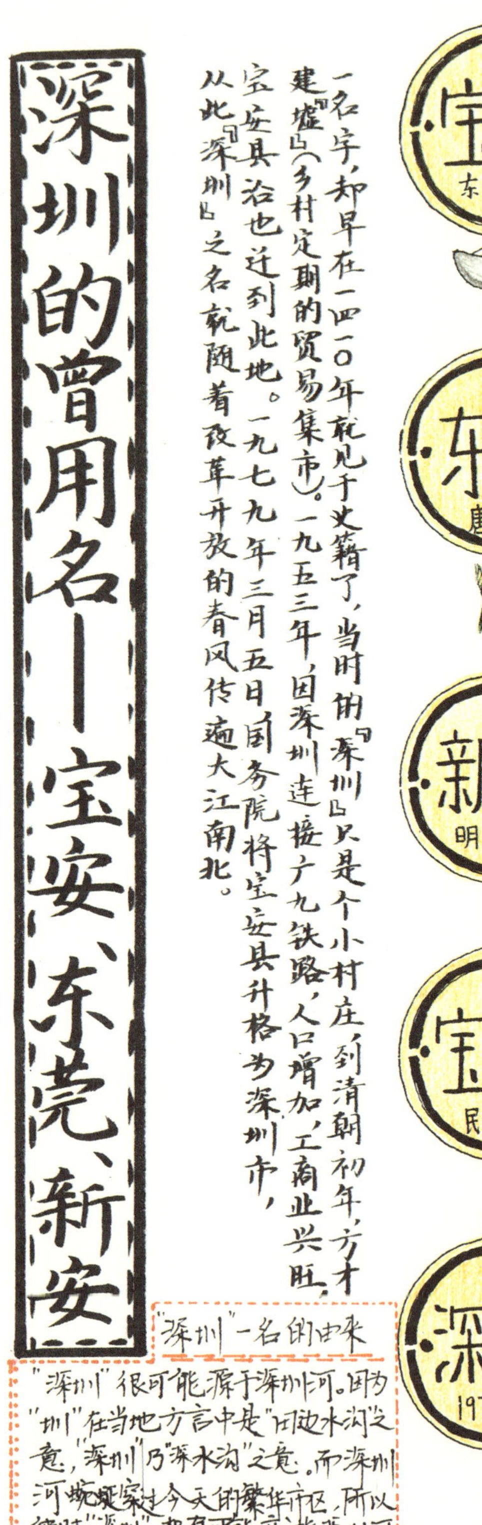

宝安 东晋331

东莞 唐朝757

（莞草）

新安 明朝1573

宝安 民国1914

深圳 1979.3.5

"深圳"一名的由来

"深圳"很可能源于深圳河。因为"圳"在当地方言中是"田边水沟"之意，"深圳"乃"深水沟"之意。而深圳河蜿蜒穿过今天的繁华市区，所以彼时"深圳"极有可能就指深圳河。

深圳的曾用名——宝安、东莞、新安

深圳有着近1700年的历史，在不同时期，有着不同的名字。

深圳最早的名字非“宝安”莫属。公元331年，东晋设东官郡，下辖宝安等六县，郡治宝安县。宝安县的范围包括今天的深圳市、香港特别行政区、东莞市部分地区等。这是深圳地区设立郡、县级行政机构的开始，也是深圳城市历史的开端。而之所以称深圳地区为宝安，是因为当时宝安境内有座宝山，山中有银矿，取“得宝而安”之意。

到了唐朝，在757年，宝安县又被改称为东莞县，原因大概是附近盛产莞草。

明朝时，东南沿海经常受到倭寇、海盗侵扰，深圳也不例外，因此1573年，明朝将东莞县的部分土地分出来，在宝安故地建新安县，“新安县”之名，取的则是“革故鼎新，去危为安”之意。

“新安县”的名字从此一直被沿用，直到1914年，中华民国政府对全国进行行政区域调整，广东新安县因与河南新安县同名，又被改成“宝安”。民国时，深圳一直用“宝安”这一名字。而“深圳”这一名字，却早在1410年就见于史籍了，当时的“深圳”只是个小村庄，到清朝初年，方才建“墟”（乡村定期的贸易集市）。1953年，因深圳连接广九铁路，人口增加，工商业兴旺，宝安县治也迁到此地。1979年3月5日，国务院将宝安县升格为深圳市，从此“深圳”之名就随着改革开放的春风传遍大江南北。

屯门海战——又是一场「火烧赤壁」

很多人都知道三国时期孙刘联合火烧赤壁的故事，同样的场景也发生在一五二一年深圳屯门海战的战场上。

当时葡萄牙人向东进发，企图掠夺东方的财富。一五一四年，一支葡萄牙船队到达珠江口沿岸，要求登陆进行贸易活动，被拒绝后，这只船队就直接侵占了「屯门海澳」，并在此修筑工事，以示占领。明初虽然禁止海外贸易，但随着经济发展，海禁政策逐渐松弛。一五一四年，广东右布政使吴廷举擅立《番舶进贡交易之法》，允许外国商船来华自由贸易，可高兴了葡萄牙人。

虽然自由贸易增加了广东当地的收入，但由于很多外国人尤其是葡萄牙人扰民甚重，就有大臣要求驱逐他们。但当时明武宗对此事并不上心，直到一五二一年嘉靖帝即位，才下令驱逐葡萄牙人。

负责此事的广东海道副使汪鋐先礼后兵，在要求葡萄牙人自行离去未果的情况下，开始派军队驱赶，但是终因对方炮火猛烈而败阵。

第一次进攻失败后，汪鋐进行了反思，「我们的船虽小，但是行动灵活，何不让其携带易燃物品，来个『火烧赤壁』呢？」于是他命人准备了一些装满油料和柴草的小舟，待天刮起大南风，汪鋐率军士四千众，船只五十余，再次攻打葡人船队。汪鋐先将一些填有油草料的船只点燃，火船就借着南风朝葡人船只驶去。由于葡人船队巨大，移动速度慢，无法及时躲开火船进攻，所以很快燃烧了起来。汪鋐趁葡人大乱，派人潜入水下，将未起火的葡人船只凿漏，葡人纷纷跳海逃命，然后汪鋐又命军士跃上敌船与葡人厮杀，葡人大败，明朝就这样收复了屯门岛。

屯门海战是中国历史上第一次抗击西方殖民者的战役，既捍卫了民族尊严，也在相当长的一段时间内，维持了我国南部沿海地区的贸易稳定，是一场很重要的战役。

屯门海战——又是一场“火烧赤壁”

很多人都知道三国时期孙刘联合火烧赤壁的故事，同样的场景也发生在1521年深圳屯门海战的战场上。

当时，葡萄牙人向东进发，企图掠夺东方的财富。1514年，一支葡萄牙船队到达珠江口沿岸，要求登陆进行贸易活动。被拒绝后，这只船队就直接侵占“屯门海澳”，并在此修筑工事，以示占领。明初虽然禁止海外贸易，但随着经济发展，海禁政策逐渐松弛。1514年，广东右布政使吴廷举擅立《番舶进贡交易之法》，允许外国商船来华自由贸易，可高兴了葡萄牙人。

虽然自由贸易增加了广东当地的收入，但由于很多外国人尤其是葡萄牙人扰民甚重，就有大臣要求驱逐他们，但当时明武宗对此事并不上心。直到1521年嘉靖帝即位，才下令驱逐葡萄牙人。

负责此事的广东海道副使汪鋐先礼后兵，在要求葡萄牙人自行离去未果的情况下，开始派军队驱赶，但是终因对方炮火猛烈而败阵。

第一次进攻失败后，汪鋐进行了反思：“我们的船虽小，但是行动灵活，何不让其携带易燃物品，来个‘火烧赤壁’呢？”于是他命人准备了一些装满油料和柴草的小舟，待天刮起大南风，汪鋐率军士4000众，船只50余，再次攻打葡人船队。汪鋐先将一些填有油草料的船只点燃，火船就借着南风朝葡人船只驶去。由于葡人船只巨大，转动速度慢，无法及时躲开火船进攻，所以很快燃烧了起来。汪鋐趁葡人大乱，派人潜入水下，将未起火的葡人船只凿漏，葡人纷纷跳海逃命。然后汪鋐又命军士跃上敌船与葡人厮杀，葡人大败。明朝就这样收复了屯门岛。

屯门海战是中国历史上第一次抗击西方殖民者的战役，既捍卫了民族尊严，也在相当长的一段时间内维持了我国南部沿海地区的贸易稳定，是一场很重要的战役。

小贴士

一般认为，明朝的屯门军镇北起今深圳南山区，南至香港九龙半岛沿海大部分区域，包括前海湾、后海湾、伶仃洋等。

稀有的深圳土著

改革开放以后，深圳经济像坐上了火箭，发展迅速。与此同时，深圳迎来了史上最大的移民潮。如今深圳本土人的比例只占百分之五，这个比例在世界上也是罕见的。但就是这仅有的百分之五其祖上也大多是三百多年前才重新回到这片土地上的。

清朝初年，明末遗将郑成功在东南沿海策动反清复明，清政府计谋用尽，不见成效，于是在东南沿海采取"迁界禁海"的隔离政策，断了郑成功从大陆的补给。所谓迁界禁海政策，就是海上戒严，禁止渔民出海，同时在沿海划定一个濒海范围，强制处在这个范围内的沿海居民向内陆迁移，有不迁移的或者越界的杀无赦。深圳先后两次实行内迁，一共向内地迁移了四十千米。迁界之后，深圳几乎变成无人区，仅剩北部山区两千一百七十二户。南头古城除城墙外城内房屋均遭拆毁，当时的建制——新安县也被撤销，直接被并入东莞县，由其管辖。由此，深圳历史进入了二十多年的真空期。

郑成功死后，"迁界禁海"的法令随之解除。一六六九年，广东巡抚王来任再三奏请复置新安县，号召内陆人到这里建设边疆，进行招垦工作，即"复界"。

中国人安土重迁，起初"复界"的响应者寥寥无几。朝廷没办法，只好实行如免赋税和奖励耕牛这样的优惠政策来吸引百姓。然而，"迁界"政策造成的荒凉面貌，还是让"招垦"工作进展缓慢。据记载，清初新安县人口有六千八百五十一，"复界"后，一六七八年仅招垦十七人，一六七九年招垦五十九人，一六八〇年招垦二十人，到一六八一年，全县人口才达到四十五百二十五。所以现在的"老深圳"，基本都是那时候重新回到这片土地的百姓的后代。

近现代的深圳

民国时期的深圳依然是小县城。一九四九年后，深圳本地人口增长缓慢，甚至在特殊时期还曾出现过数次大规模"逃港"。直至改革开放后，才有大量外来移民深圳。

稀有的深圳土著

改革开放以后，深圳经济像坐上了火箭，发展迅速。与此同时，深圳迎来了史上最大的移民潮。如今深圳本土人的比例只占5%，这个比例，在世界上也是罕见的。但就是这仅有的5%，其祖上也大多是300多年前才重新回到这片土地上的。

清朝初年，明末遗将郑成功在东南沿海策动反清复明，清政府计谋用尽，不见成效，于是在东南沿海采取“迁界禁海”的隔离政策，断了郑成功从大陆的补给。所谓迁界禁海政策，就是海上戒严，禁止渔民出海，同时在沿海划定一个濒海范围，强制处在这个范围内的沿海居民向内陆迁移，有不迁移的或者越界的，杀无赦。深圳先后两次实行内迁，一共向内地迁移了40千米。

迁界之后，深圳几乎变成无人区，仅剩北部山区2172户。南头古城除城墙外，城内房屋均遭拆毁，当时的建制——新安县也被撤销，直接被并入东莞县，由其管辖。由此，深圳历史进入了20多年的真空期。

郑成功死后，“迁界禁海”的法令随之解除。1669年，广东巡抚王来仁再三奏请复置新安县，号召内陆人到这里建设边疆，进行招复工作，即“复界”。

中国人安土重迁，起初“复界”的响应者寥寥无几。朝廷没办法，只好实行如免赋税和奖励耕牛这样的优惠政策来吸引百姓。然而，“迁界”政策造成的荒凉面貌，还是让“招复”工作进展缓慢。据记载，清初新安县人口有6851，“复界”后，1678年仅招复17人，1679年招复59人，1680年招复20人，到1681年，全县人口才达到4525。所以现在的“老深圳”，基本都是那时候重新回到这片土地的百姓的后代。

揭开鸦片战争序幕的九龙海战

第一次鸦片战争大家都熟悉，但发生在它前一年的九龙海战不知道的人就多了。一八三九年六月，林则徐虎门销烟，持续二十三天。在此期间英国水手酗酒闹事，和尖沙咀的村民林维喜发生冲突，并将其打死。林则徐查明案情，要求英国驻华商务监督义律交出凶手，可是没有治外法权的义律在英船上私自开庭，轻处凶手。林则徐一气之下，下令停止供给英国人食物和水，并要求驻澳门的葡萄牙官员驱逐滞留在澳门的英国人。于是澳门岛上的五十七户遭驱逐的英国商人只得登上货船漂在海上。

九月四日，义律率路易沙号等五艘舰船来到九龙山口岸，要求中方提供水粮，遭到拒绝后，义律竟派大小兵船共十一艘，以求食为名突袭大清水师巡船。正在巡洋的大鹏营守将赖恩爵随即指挥水师船和九龙炮台同时反击，双方激战五个多小时，至下午六点，敌方受重创后逃走。

有人说此战意义重大，拉开了鸦片战争的序幕。其实鸦片战争的起点，因为在九龙海战发生后，英国不甘失败，加紧增派军舰云集广东沿海进行挑衅活动。期间中英还就贸易问题谈判，屡谈不和。最终，一八四〇年一月，英国正式发动了大规模的侵华战争——第一次鸦片战争。

揭开鸦片战争序幕的九龙海战

第一次鸦片战争大家都熟悉，但发生在它前一年的九龙海战，不知道的人就多了。

1839年6月，林则徐虎门销烟，持续23天。在此期间，英国水手酗酒闹事，和尖沙咀的村民林维喜发生冲突，并将其打死。林则徐查明案情，要求英国驻华商务总监督义律交出凶手，可是没有治外法权的义律在英船上私自开庭，轻处凶手。林则徐一气之下，下令停止供给英国人食物和水，并要求驻澳门的葡萄牙官员驱逐滞留在澳门的英国人。于是澳门岛上57户遭驱逐的英国商人只得登上货船漂在海上。

9月4日，义律率路易沙号等5艘舰船来到九龙山口岸，要求中方提供水粮，遭到拒绝后，义律竟派大小兵船共11艘以求食为名，突袭大清水师巡船。正在巡洋的大鹏营守将赖恩爵随即指挥水师船和九龙炮台同时反击，双方激战5个多小时，至下午6点，敌方受重创后逃走。

有人说，此战意义重大，它拉开了鸦片战争的序幕，是鸦片战争的起点。因为在九龙海战发生后，英国不甘失败，加紧增派军舰云集广东沿海进行挑衅活动。期间中英还就贸易问题谈判，屡谈不和。最终，1840年1月，英国正式发动了大规模的侵华战争——第一次鸦片战争。

小贴士

由于赖恩爵英勇善战，道光皇帝赐其“呼尔察图巴图鲁”（“巴图鲁”为勇士之意）称号，晋升副将（从二品）。1843年赖恩爵又被封为“振威将军”，是赖氏“三代五将”之一。

深港边界线

鸦片战争后，香港岛被清政府割让给英国，从划地为界那天起，就有了深港边界线。这不仅是一条行政区划线，更是一条刻在中国人心上的伤痕。

深港边界线北线到大鹏湾北岸东端，界碑竖立在大浪湾和西涌之间的一座小山上；西线到赤湾西南海面，大屿山全岛划入"新界"；南线在香港蒲寮洲和外伶仃岛的海面中间，再经香港蒲台岛南面至东经114度30分止；东线以东经114度30分为界，北接大鹏湾北岸东端，南接北纬22度9分，这一段界线全部在海面上。这条深港边界线的变迁与清政府一再战败有关。从第一次鸦片战争割让香港岛开始，到清政府与英国签订《展拓香港界址专条》，租借的领土逐渐增加，主权越丢越多，甚至在《专条》签订后不久，港英政府辅政司骆克提出要把"深圳包括在租界内"，理由是如果深圳是中国领土，将会如"九龙城寨"那样，成为港英政府与清政府经常发生摩擦的地方。事实上，在清末和民国时期，英军经常跨界活动，大鹏湾和深圳湾都在英方控制之下，深港边界线名存实亡。抗日战争爆发后，日军占领深圳，并跨过边界线占领香港。由于两岸都被日军控制，日本人认为深港边界线已无存在必要，甚至将巫界碑拔出丢弃。抗战胜利后，香港继续为英国占领，深港边界线被重新启用。

直到香港回归之前，边界线两边都有中英双方士兵站岗。有一次，英方驻防人员在沙头角的界碑放了一块手表，然后躲起来准备抓拍中方士兵捡起手表的瞬间，作为丑化中方形象的依据。但事与愿违，中国的驻防人员一脚就踢飞了手表，让它掉回另一边。这件事也成为一时笑谈。

在香港回归之前的一段时间里，边界线两端的人们已从剑拔弩张变得日益友好，现在边界线依然存在，但人心里的界线已经消失。

深港边界线

鸦片战争战败后，香港岛被清政府割让给英国，从划地为界那一天起就有了深港边界线。这不仅是一条行政区划线，更是一条刻印在中国人心上的伤痕。

深港边界线北线到大鹏湾北岸东端，界碑竖立在大浪湾和西涌之间的一座小山上；西线到赤湾西南海面，大屿山全岛划入“新界”；南线在香港薄寮洲和外伶仃岛的海面中间，再经香港蒲台岛南面至东经114度30分止；东线以东经114度30分为界，北接大鹏湾北岸东端，南接北纬22度9分，这一段界线全部在海面上。这条深港边界线的变迁与清政府一再战败有关。从第一次鸦片战争割让香港岛开始，到清政府与英国签订《展拓香港界址专条》，租借的领土逐渐增加，主权越丢越多。甚至在《专条》签订后不久，港英政府辅政司骆克提出要“把深圳包括在租界内”，理由是如果深圳仍是中国领土，将会如“九龙城寨”那样，成为港英政府与清政府经常发生摩擦的地方。

事实上，在清末和民国时期，英军经常跨界活动，大鹏湾和深圳湾都在英方控制之下，深港边界线名存实亡。抗日战争爆发后，日军占领深圳，并跨过边界线占领香港。由于两岸都被日军控制，日本人认为深港边界线已无存在必要，甚至将一些界碑挖出丢弃。抗战胜利后，香港继续为英国占领，深港边界线被重新启用。

直到香港回归之前，边界线两边都有中英双方士兵站岗。有一次，英方驻防人员在沙头角的界碑上放了一块金表，然后躲起来准备抓拍中方士兵捡起手表的瞬间，作为丑化中方形象的依据。但事与愿违，中国的驻防人员一脚就踢飞了手表，让它掉回另一边。这件事也成为一时笑谈。

在香港回归之前的一段时间里，边界线两端的人们已从剑拔弩张变得日益友好，现在边界线依然存在，但人心里的界线已经消失。

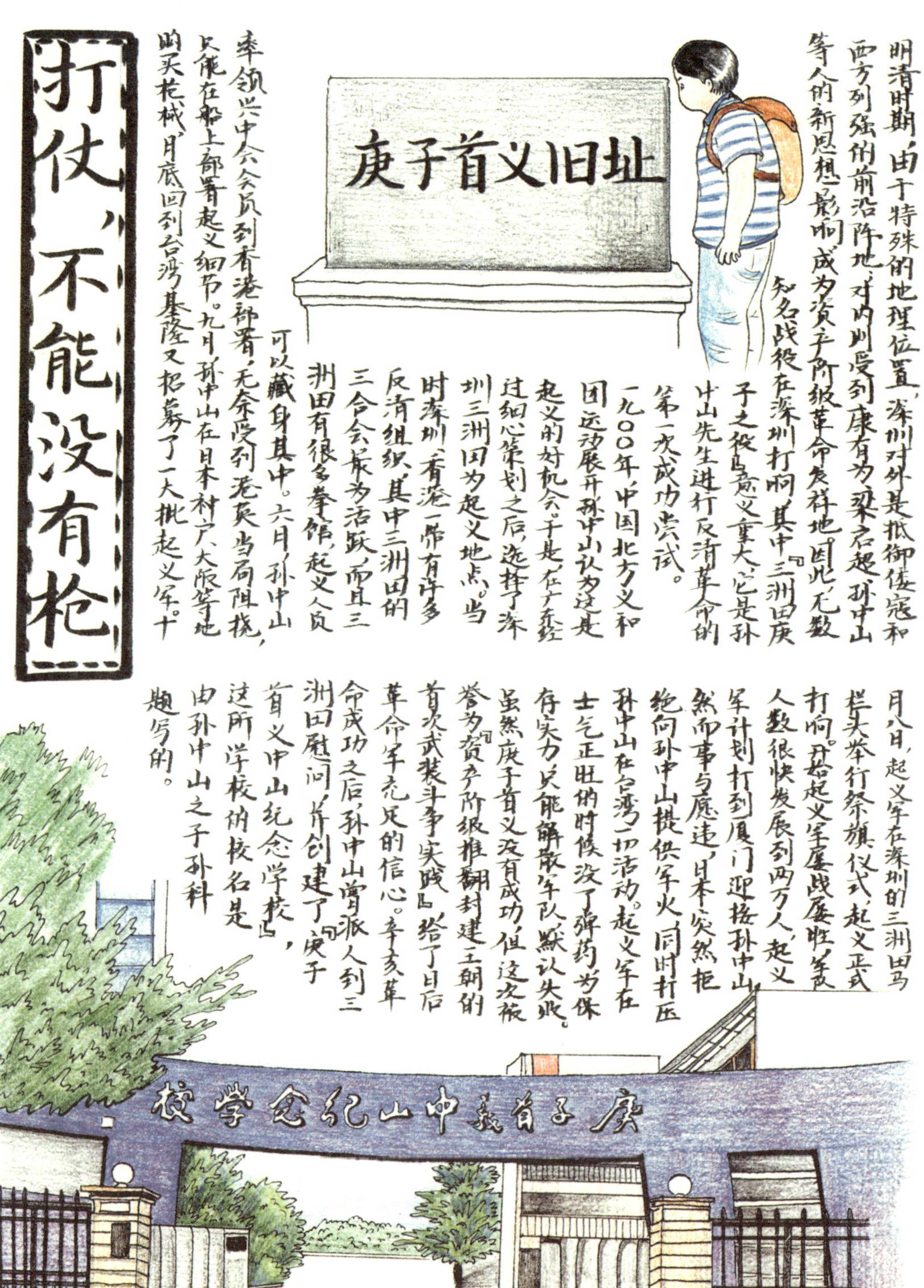

打仗，不能没有枪

明清时期，由于特殊的地理位置，深圳对外是抵御倭寇和西方列强的前沿阵地；对内则受到康有为、梁启超、孙中山等人的新思想影响，成为资产阶级革命发祥地。因此，无数知名战役在深圳打响，其中『三洲田庚子之役』意义重大，它是孙中山先生进行反清革命的第一次成功尝试。

一九〇〇年，中国北方义和团运动展开，孙中山认为这是起义的好机会。于是，在广东经过细心策划之后，选择了深圳三洲田为起义地点。当时深圳、香港一带有许多反清组织，其中三洲田的三合会最为活跃，而且三洲田有很多拳馆，起义人员可以藏身其中。六月，孙中山率领兴中会会员到香港部署，无奈受到港英当局阻挠，只能在船上部署起义细节。九月，孙中山在日本神户、大阪等地购买枪械，月底回到台湾基隆又招募了一大批起义军。十月八日，起义军在深圳的三洲田马栏头举行祭旗仪式，起义正式打响。开始起义军屡战屡胜，军队人数很快发展到两万人，起义军计划打到厦门迎接孙中山。然而事与愿违，日本突然拒绝向孙中山提供军火，同时打压孙中山在台湾一切活动。起义军在士气正旺的时候没了弹药，为保存实力只能解散军队，默认失败。

虽然庚子首义没有成功，但这次被誉为『资产阶级推翻封建王朝的首次武装斗争实践』，给了日后革命军充足的信心。辛亥革命成功之后，孙中山曾派人到三洲田慰问，并创建了『庚子首义中山纪念学校』，这所学校的校名是由孙中山之子孙科题写的。

打仗，不能没有枪

明清时期，由于特殊的地理位置，深圳对外是抵御倭寇和西方列强的前沿阵地；对内则受到康有为、梁启超、孙中山等人的新思想影响，成为资产阶级革命的发祥地。因此，无数知名战役在深圳打响，其中“三洲田庚子之役”意义重大，它是孙中山进行反清革命的第一次成功尝试。

1900年，中国北方义和团运动展开，孙中山认为这是起义的好机会。于是，他在广东经过细心策划之后，选择了深圳三洲田为起义地点。当时深圳、香港一带有许多反清组织，其中三洲田的三合会最为活跃，而且三洲田有很多拳馆，起义人员可以藏身其中。6月，孙中山率领兴中会会员到香港部署，无奈受到港英当局阻挠，只能在船上部署起义细节。9月，孙中山在日本神户、大阪等地购买枪械，月底回到台湾基隆又招募了一大批起义军人。10月8日，起义军在深圳的三洲田马栏头举行祭旗仪式，起义正式打响。开始起义军屡战屡胜，军队人数很快发展到两万人，起义军计划打到厦门迎接孙中山。然而事与愿违，日本突然拒绝向孙中山提供军火，同时打压孙中山在台湾的一切活动。起义军在士气正旺的时候没了弹药，为保存实力，只能解散军队，默认失败。

虽然庚子首义没有成功，但这次被誉为“资产阶级推翻封建王朝的首次武装斗争实践”，给了日后革命军充足的信心。辛亥革命成功之后，孙中山曾派人到三洲田慰问，并创建了“庚子首义中山纪念学校”，这所学校的校名是由孙中山之子孙科题写的。

广九铁路通深圳

虽然深圳特区建立至今只有三十余年，但人们在深圳这块土地上铺铁轨、跑火车的历史却可以追溯到清朝末年，所以说深圳是中国最早建成火车站的城市之一。

一九一一年八月十四日，一列火车缓缓驶入深圳，只见一名扎着长辫子的清朝官员两腿发软地从车上下来，与英国派驻香港的官员共同主持了通车典礼。不过，这位官员心情并不好，因为这条广九铁路由中英商定以罗湖桥中孔第二节为界，分为华、英两段，广州到深圳段为“华段”，约有一百四十三千米，深圳到香港尖沙咀段为“英段”，约有三十五千米。明显“华段”更长，建设花费更多，而这些花费，还是清政府向英国政府借的。而最无奈的是，提出修建这条铁路的是英国政府，目的是为了更便利地从香港运输货物到内地。为了借到这笔巨款，清政府答应了英政府的霸王条款，不能再在此段路上修建别的铁路而分薄利益。诚然，修建广九铁路的理由很憋屈，但这条铁路带来的效益是巨大的。修建铁路之前的深圳还是“墟”地小人少，通了铁路后，深圳人流剧增，商贾云集，很快便发展起来了。可以说，正是广九铁路为深圳的繁荣打下了基础。

抗日战争爆发后，广九铁路经常遭遇日军空袭，基本停止运输后被日军霸占。一九四九年后，香港仍然在英国的统治下，广州、香港两地交通依然很不便利。为了恢复广东交通，解放军以文艺宣传队的名义接管了深圳站，并迅速开通了“华段”，两年之后，又逐渐恢复了广九铁路的全线通车。曾经的深圳站只有一个售票窗口，候车室只有四条长凳，后来经过数次扩建才有了今天的规模。现在的深圳站站牌还是邓小平题写的呢。

广九铁路通深圳

虽然深圳特区建立至今只有30余年，但人们在深圳这块土地上铺铁轨、跑火车的历史却可以追溯到清朝末年，所以说深圳是中国最早建成火车站的城市之一。

1911年8月14日，一列火车缓缓驶入深圳，只见一名扎着长辫子的清朝官员两腿发软地从车上下来，与英国派驻香港的官员共同主持了通车典礼。不过，这位官员心情并不好，因为这条广九铁路由中英商定以罗湖桥中孔第二节为界，分为华、英两段，广州到深圳段为“华段”，约有143千米；深圳到香港尖沙咀段为“英段”，约有35千米。明显“华段”更长，建设花费更多，而这些花费，还是清政府向英国政府借的。而最无奈的是，提出修建这条铁路的是英国政府，目的是为了更便利地从香港运输货物到内地。为了借到这笔巨款，清政府答应了英政府的霸王条款：不能再在此段路上修建别的铁路而分薄利益。诚然，修建广九铁路的理由很憋屈，但这条铁路带来的效益是巨大的。修建铁路之前的深圳还是“墟”，地小人少；通了铁路后，深圳人流剧增，商贾云集，很快便发展起来了。可以说，正是广九铁路为深圳的繁荣打下了基础。

抗日战争爆发后，广九铁路经常遭遇日军空袭，基本停止运输，后被日军霸占。1949年后，香港仍然在英国的统治下，广州、香港两地交通依然很不便利。为了恢复广东交通，解放军以文艺宣传队的名义接管了深圳站，并迅速开通了“华段”；两年之后，又逐渐恢复广九铁路的全线通车。

曾经的深圳站只有一个售票窗口，候车室只有四条板凳，后来经过数次扩建，才有了今天的规模。现在的深圳站站牌还是邓小平题写的呢。

深圳大营救

一九四一年十二月末，日寇占领香港。当时很多文化界人士，如何香凝、柳亚子、邹韬奋、梁漱溟等都活跃在香港，或办报纸激励国人，或奔走号召团结抗日。所以，这些人便自然成了日本人的眼中钉肉中刺。日寇不但到处搜捕他们，还发布告让他们自行到“大日本军报道部”报到，而这所谓的“报道部”就是“虎口”，一旦陷进去，后果不堪设想。

一九四二年春，中国共产党在香港的地下组织和东江人民抗日游击队接受党中央的命令，领到一张长长的在港爱国人士们名单，并需设法营救他们。包括这些爱国人士的家属在内，名单上共有八百多人，营救任务异常艰巨。于是，地下组织人员和游击队员开辟了陆路和海路两条通道，共三条路线以展开营救：东线——坐船到海丰或沙鱼涌；西线——经澳门去往台山等地；中线，也是最重要的一条线——走九龙的青山道，再翻过香港最高的大帽山，过深圳河进入龙华白石龙村。这些爱国人士在营救队伍的引导下分批离开香港，有的化装成难民，穿上破旧的衣服，将钢笔、眼镜这些知识分子的“标志物”藏起来，有的化装成上香的香客，通过共产党事先准备的接待站悄无声息地实现了大转移。

整个营救过程持续了半年多，几乎每一天都有人越过深港边界线，来到白石龙村休整。白石龙村聚集了众多知名文化人士，留存下了不少趣字和趣诗。因此，这个名不见经传的小村庄也从此被人们称为“小延安”。后来，茅盾总结这次营救为“抗战以来最伟大的抢救工作”。值得一提的是，整个营救行动无一人受伤，无一人掉队，没有开过一枪，造就了抗战中的多个奇迹。

深圳大营救

1941年12月末，日寇占领香港。当时很多文化界人士，如何香凝、柳亚子、邹韬奋、梁漱溟等都活跃在香港，或办报纸激励国人，或奔走号召团结抗日。所以，这些人自然成了日本人的眼中钉、肉中刺。日寇不但到处搜捕他们，还发布告让他们自行到“大日本军报道部”报到，而这所谓的“报道部”就是“虎口”，一旦陷进去，后果不堪设想。

1942年春，中国共产党在香港的地下组织和东江人民抗日游击队接受党中央的命令，领到一张长长的在港爱国人士的名单，并需设法营救他们。包括这些爱国人士的家属在内，名单上共有800多人，营救任务异常艰巨。于是，地下组织人员和游击队员开辟了陆路和海路两条通道、三条路线以展开营救：东线——坐船到海丰或沙鱼涌；西线——经澳门去往台山等地；中线，也是最重要的一条线——走九龙的青山道，再翻过香港最高的大帽山，过深圳河，进入龙华白石龙村。这些爱国人士在营救队伍的引导下分批离开香港，有的化装成难民，穿上破旧衣服，将钢笔、眼镜这些知识分子的“标志物”藏起来；有的化装成上香的香客，通过共产党事先准备好的接待站，悄无声息地实现了大转移。

整个营救过程持续了半年多，几乎每一天都有人越过深港边界线，来到白石龙村休整。白石龙村聚集了众多知名文化人士，存留下不少题字和题诗，因此，这个名不见经传的小村庄也从此被人们称为“小延安”。后来，茅盾总结这次营救为“抗战以来最伟大的抢救工作”。

值得一提的是，整个营救行动无一人受伤，无一人掉队，没有开过一枪，造就了抗战中的多个奇迹。

改革开放前的『河口开放』
过境卖菜的妇女
深圳与香港相连，历史上两地属同一个地区，虽然后来香港被英国租占，但到一九四九年，深港边界也并未严格封死，两地人民依旧可以自由往来。抗美援朝战争爆发后，中英关系交恶，深港边界于一九五一年被双方关闭。然而此时宝安县（深圳）还有四百多亩耕地在香港新界，农民认为自家人耕自家田天经地义，所以，深港边界封锁后，当地人照样越境去耕田，还顺便搞个『港货』，从香港买些日用品回来。到了一九五六年，政治形势愈加严峻，越境耕作也被禁止，甚至下海捕鱼也被禁，导致深圳经济状况日下。深港两地生活水平差距越来越大，大规模的逃港潮便出现了。时任宝安县委第一书记的李富林觉得这样下去不是办法，便提出了『河口开放』这一政策。所谓『河口开放』，就是放开边境并与香港发展『小额边境贸易』。在得到了当时广东省委第一书记陶铸的认可后，『河口开放』于一九六〇年六月实行开来。
『河口开放』刚开始，大家只是做点小生意，比如拿稻草去换化肥，后来这『稻草』慢慢变成了些经济价值较高的农副产品。这样的变化，自是与宝安县委对此事的照顾有关。深圳本地人去香港不必到县公安局办证，只需写个简单申请，盖上大队公章即可，并默许农民在交公粮后拿些农副产品到香港售卖。所以在困难时期，宝安县不仅基本无人饿死，还曾借粮给博罗、海丰等地。
然而，由于『河口开放』与当时的中国国情不符，到一九六三年初，广东便全面打击『投机倒把』，『河口开放』就此结束。虽然，『河口开放』的影响不能与改革开放相提并论，但它为改革开放打下了十分重要的思想基础。
深圳市过境耕作证
CROSS BORDER FARMING PERMIT

改革开放前的“河口开放”

深圳与香港相连，历史上两地属同一个地区，虽然后来香港被英国租占，但到1949年，深港边界也并未严格封死，两地人民依旧可以自由往来。抗美援朝战争爆发后，中英关系交恶，深港边界于1951年被双方关闭。然而此时，宝安县（深圳）还有400多亩耕地在香港新界，农民认为自家人耕自家田天经地义，所以深港边界封锁后，当地人照样越境去耕田，还顺便搞个“港代”，从香港买些日用品回来。

到了1956年，政治形势愈加严峻，越境耕作也被禁止，甚至下海捕鱼也被禁，导致深圳经济状况日下。深港两地生活水平差距越来越大，大规模的逃港潮便出现了。时任宝安县委第一书记的李富林觉得这样下去不是办法，便提出了“河口开放”这一政策。所谓“河口开放”，就是放开边境并与香港发展“小额边境贸易”。在得到了当时广东省委第一书记陶铸的认可后，“河口开放”于1960年6月实行开来。

“河口开放”刚开始，大家只是做点小生意，比如拿稻草去换化肥，后来这“稻草”慢慢变成了一些经济价值较高的农副产品。这样的变化，自是与宝安县委对此事的照顾有关：深圳本地人去香港不必到县公安局办证，只需写个简单申请，盖上大队公章即可；并默许农民在交公粮后，拿些农副产品到香港售卖。所以在困难时期，宝安县不仅基本无人饿死，还曾借粮给博罗、海丰等地。

然而，由于“河口开放”与当时的中国国情不符，到了1963年年初，广东便全面打击“投机倒把”，“河口开放”就此结束。虽然“河口开放”的影响不能与改革开放相提并论，但它为改革开放打下了十分重要的思想基础。

深圳大逃港
1 2 3 4
1957年 1962年 1972年 1979年
深圳从1955年开始出现逃港现象，总共出现4次大规模的逃港潮，共计56万人(次)。
一九五一年，深港边界被封锁，渐渐地，当时的中国内地与香港经济形成了巨大反差。而那时凡是到香港的人，都会得到香港的身份证，所以大批深圳人离开。到深圳撤县建市，共爆发过四次大规模偷渡逃港风潮。
当时，当地公安的主要任务就是监视“三偷”，即偷听敌台、偷窃集体财产、偷渡出境。即使是这样，每到晚上，深圳的很多青年便跑到鱼塘、水库里苦练游泳，为的就是能成功偷渡香港甚至连公社和生产队的手推车轮胎都被偷光了，因为这个可以当作救生圈。逃港不易，困难重重。曾经有一个人，先后偷渡了十二次都被抓住，到第十三次时，边防战士都觉得他脸熟。但就是再难，逃港之人丝毫没有减少。深圳在一九四九年后的三十年间有多少人外逃，其准确数字难以统计。这期间深圳人口只增加了3.8万，一些老宝安人说：“宝安县人相当于三十年没生小孩。由于逃港人太多，当时很多村里难见青壮年。”
逃港屡禁不止，政府也很头疼。渐渐地他们意识到“禁”是行不通的必须另想办法。一九七八年，广东省委主要负责人向中央提出了在深圳设立经济特区的想法，邓小平听完汇报后说：“这是我们的政策有问题。逃港是因为生活不好，差距太大，生产生活搞好了，才可以解决逃港问题。”
于是，一九八〇年八月二十六日，深圳经济特区成立。特区成立后，深圳经济得到迅速发展，老百姓很快富了起来，逃港的人也随之逐渐减少，甚至有许多已经成功逃到香港的人，在听说深圳设立经济特区、“遍地生金”后，又回来了。不仅如此，近年来，深圳特区的各种优势还吸引了大量香港人涌入内地。只不过半个世纪，就发生了从逃港到回深圳的转变，这是改革开放的作用。

深圳大逃港

1951年，深港边界被封锁，渐渐地，当时的中国内地与香港经济形成了巨大反差。而那时凡是到香港的人，都会得到香港的身份证，所以大批深圳人离开。到深圳撤县建市，共爆发过四次大规模偷渡逃港风潮。

当时，当地公安的主要任务就是监视“三偷”，即偷听敌台、偷窃集体财产、偷渡出境。即使是这样，每到晚上，深圳的很多青年便跑到鱼塘、水库里苦练游泳，为的就是能成功偷渡香港。甚至连公社和生产队的手推车轮胎都被偷光了，因为这个可以当作救生圈。逃港不易，困难重重。曾经有一个人先后偷渡了12次都被抓住，到第13次时，边防战士都觉得他脸熟。但就是再难，逃港之人也丝毫没有减少。深圳在1949年后的30年间有多少人外逃，其准确数字难以统计。这期间，深圳人口只增加了3.8万。一些老宝安人说：“宝安县人相当于30年没生小孩。由于逃港的人太多，当时很多村里难见青壮年。”

逃港屡禁不止，政府也很头疼。他们渐渐意识到，“禁”是行不通的，必须另想办法。1978年，广东省委主要负责人向中央提出了在深圳设立经济特区的想法，邓小平听完汇报后说：“这是我们的政策有问题。逃港是因为生活不好，差距太大，生产生活搞好了，才可以解决逃港问题。”

于是，1980年8月26日，深圳经济特区成立。特区成立后，深圳经济得到迅速发展，老百姓很快富了起来，逃港的人也随之减少，甚至有许多已经成功逃到香港的人，在听说深圳设立经济特区、“遍地生金”后，又回来了。不仅如此，近年来，深圳特区的各种优势还吸引了大量香港人涌入内地。只不过半个世纪，就发生了从逃港到回深圳的转变，这是改革开放的作用。

消失的深圳二线关

外地人可能很难想象，深圳以前曾被一道叫作『深圳经济特区管理线』的界线分成两半，一边是特区，一边是非特区。想进特区，得凭相关证件——《中华人民共和国边境地区通行证》和居民身份证，这跟我们现在去香港差不多。为了将这条管理线同深圳经济特区与香港接界的边境线——『一线』相区分，人们称之为『二线』。这条『二线』于一九八二年四月开始动工，东起小梅沙，西至宝安的南头安乐村，一路上架起高2.8米、长近九十千米的铁丝网。『二线』将深圳分割成了两部分：以南是深圳经济特区，以北则是宝安和龙岗区。如果你是外地人，想从关外进入关内，先要办理好《中华人民共和国边境地区通行证》，带上身份证，找到沿线开设的检查站，经过武警边防人员的检查后方能入关进入深圳特区。

二线关对于打击偷渡和走私等犯罪行为、维护粤港稳定和特区的安宁意义非凡。根据深圳经济特区检查站提供的权威数据，截至二〇一〇年二月三日，特检站先后查获各类在逃人员三千二百五十六名。

不过，二线关受到的非议也很大。除了高额的维护费用外，二线关给深圳带来的不便也越来越明显。由于关内上班关外居住的人不在少数，每天上下班时间会造成大塞车。二线关的存在，不仅造成了客观上的阻隔，也形成了人们心理上的隔阂，对城市的发展不利。所以，早在一九九八年深圳市的『两会』上，就有代表和委员提出『撤销二线关』的议案。之后，这个呼声越来越高。二〇一〇年，国务院终于批复撤关，深圳便立即展开了拆除二线关的工作。

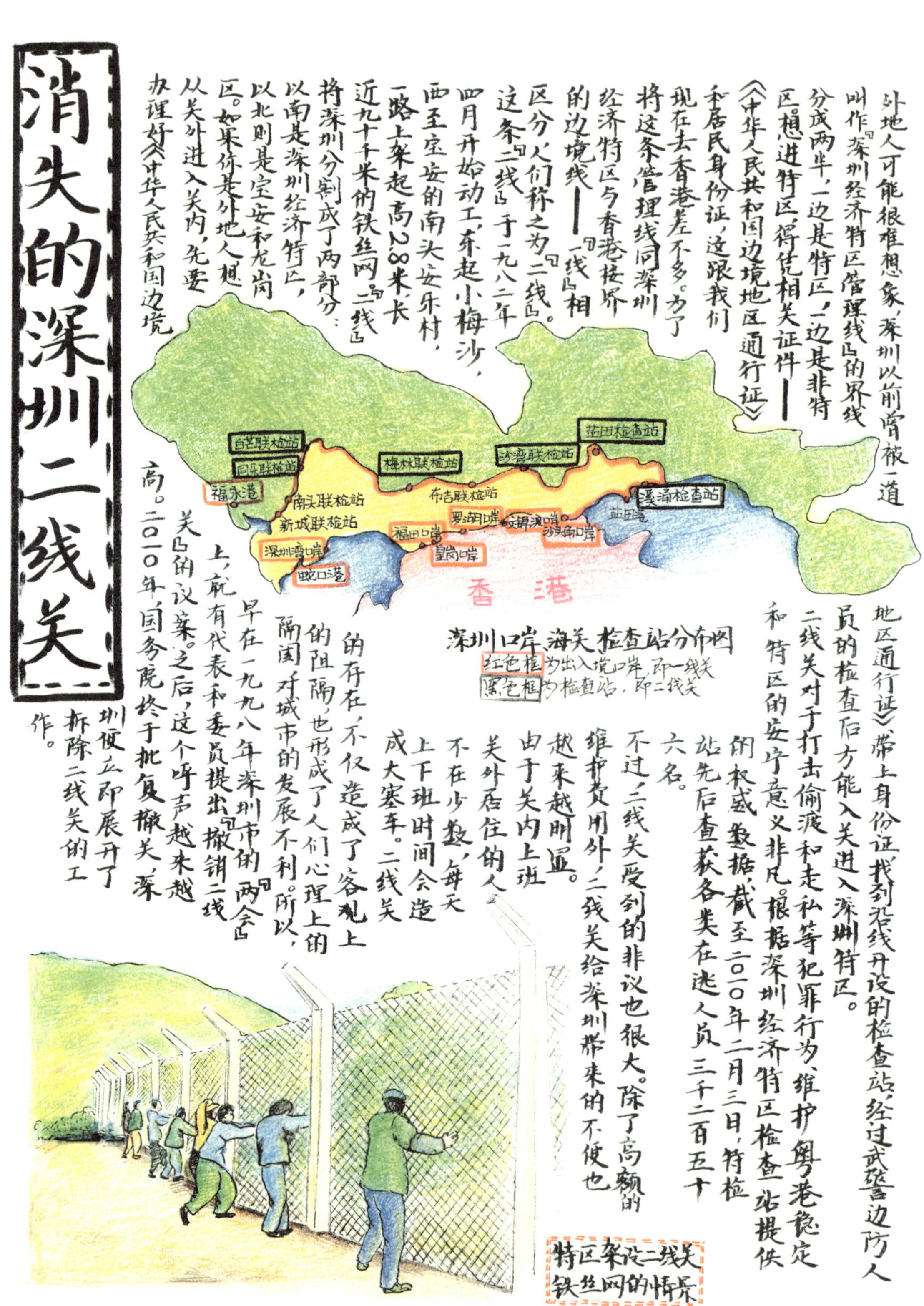

深圳口岸、海关检查站分布图
红色框为出入境口岸，即一线关
黑色框为检查站，即二线关

特区架设二线关铁丝网的情景

消失的深圳二线关

外地人可能很难想象，深圳以前曾被一道叫作“深圳经济特区管理线”的界线分成两半，一边是特区，一边是非特区。想进特区，得凭相关证件——《中华人民共和国边境地区通行证》和居民身份证，这跟我们现在去香港差不多。为了将这条管理线同深圳经济特区与香港接界的边境线——“一线”相区分，人们称之为“二线”。

这条“二线”于1982年4月开始动工，东起小梅沙，西至宝安的南头安乐村，一路上架起高2.8米，长近90千米的铁丝网。“二线”将深圳分割成了两部分：以南是深圳经济特区，以北则是宝安和龙岗区。如果你是外地人，先要办理好《中华人民共和国边境地区通行证》，然后带上身份证，找到沿线开设的检查站，经过武警边防人员的检查后方能入关进入深圳特区。

二线关对于打击偷渡和走私等犯罪行为、维护粤港稳定和特区的安宁意义非凡。根据深圳经济特区检查站提供的权威数据，截至2010年2月3日，特检站先后查获各类在逃人员3256名。

不过，二线关受到的非议也很大。除了高额的维护费用外，二线关给深圳带来的不便也越来越明显。由于关内上班关外居住的人不在少数，每天上下班时间会造成大塞车。二线关的存在，不仅造成了客观上的阻隔，也形成了人们心理上的隔阂，对城市的发展不利。所以，早在1998年深圳市的“两会”上，就有代表和委员提出“撤销二线关”的议案。之后，这个呼声越来越高。2010年，国务院终于批复撤关，深圳便立即展开了拆除二线关的工作。

特区货币

深圳特区刚成立时，人民币、港币、外汇券同时在市内流通。但由于深圳离香港仅一步之遥，香港商品通过走私大量流入深圳，在深圳的香港企业也以港币发工资；在中英街购买稀缺物资也只能使用港币。所以，港币在深圳的流通量与日俱增，导致人民币和外汇券遭到排挤。这样的形势对于引进外资和扩大出口十分不利，甚至有专家认为深圳特区会沦为香港的金融附庸。因此，特区政府产生了发行「特区货币」的设想。

最早提出「特区货币」的是原深圳市委第一书记吴南生；后来谷牧副总理在视察深圳时，也表示支持发行特区货币。一九八四年港币在深圳流通量达到顶峰，同年二月邓小平第一次「南方视察」也提出考虑在深圳发行特区货币。一九八四年八月国务院会议同意发行深圳特区货币，切断人民币在深圳特区的流通。这一系列举动使特区货币的发行看起来顺理成章，然而就在一九八五年二月国务院对深圳形势作出明确判断，首先深圳作为改革开放的先行城市，货币等问题一定会出现，其次相关人员不应着眼于近几年的事态发展，而应相信深圳和整个中国能够解决遇到的所有问题。这一判断停止了特区货币的发行，果然，随后数年时间内，货币问题通过国力增强与外交谈判逐步被解决，人民币成为了深圳主要的流通货币，特区货币最终成为一段没有结果的历史。

有人把深圳比作祖国母亲第一个允许下海学习游泳的孩子，在这个过程中，孩子必然会呛水，然而，母亲给予的鼓励和信心终于让他成长为能够独当一面的「骄子」。

特区货币

深圳特区刚成立时，人民币、港币、外汇券同时在市内流通。但由于深圳离香港仅一步之遥，香港商品通过走私大量流入深圳；在深圳的香港企业也以港币发工资；在中英街购买稀缺物资也只能使用港币。所以，港币在深圳的流通量与日俱增，导致人民币和外汇券遭到排挤。这样的形势对于引进外资和扩大出口十分不利，甚至有专家认为深圳特区会沦为香港的金融附庸。因此，特区政府产生了发行“特区货币”的设想。

最早提出“特区货币”的是原深圳市委第一书记吴南生；后来谷牧副总理在视察深圳时，也表示支持发行特区货币。1984年，港币在深圳流通量达到顶峰，同年2月，邓小平第一次“南方视察”也提出考虑在深圳发行特区货币。8月，国务院会议同意发行深圳特区货币，切断人民币在深圳特区的流通。这一系列举动使特区货币的发行看起来顺理成章。然而就在1985年2月，国务院对深圳形势作出明确判断：首先，深圳作为改革开放的先行城市，货币等问题一定会出现；其次，相关人员不应着眼于近几年的事态发展，而应相信深圳和整个中国能够解决遇到的所有问题。这一判断停止了特区货币的发行。果然，随后数年时间内，随着国力增强，货币问题通过外交谈判等逐步被解决，人民币成为深圳主要的流通货币，特区货币最终成为一段没有结果的历史。

有人把深圳比作祖国母亲第一个允许下海学习游泳的孩子，在这个过程中，孩子必然会呛水，然而，母亲给予的鼓励和信心终于让他成长为能够独当一面的“骄子”。

好企业，深圳造

有句话叫『如果找国有企业五百强，请去北京，找外资企业五百强可以到上海，但要找民族企业五百强，一定要看深圳』。且不管这句话的对错，深圳的著名企业确实数不胜数，随便一说，就是腾讯、华为、万科、平安、顺丰这样的『大咖』。并没有多少科研院所的深圳，是怎么让众多企业快速崛起的呢？

细究其中原因，深圳的政策优势肯定是少不了的。深圳作为改革开放后的第一个经济特区，国家给予了重点扶持，深圳政府更是为民族企业提供了各种便利。深圳市科技创新委员会每年要资助三千多项创新研究，在研究补助方面『英雄不论出处』，不管是国有还是民营，一律平等相待。在深圳，企业要完成审批，绝大部分程序都能在网络平台办理，便捷高效。

北京
中国电力
中石油
中石化
中国电信
国家电网
找国企500强，去北京

通用汽车
微软
联合利华
上海
花旗银行
福特
西门子
汇丰银行
找外资500强，去上海

中国平安
华为
招商银行
腾讯
深圳
万科
华大基因
迈瑞
中集集团
找民族企业500强，去深圳

企业发展到一定规模时，资金会成为瓶颈，这时，政府就会出面，通过相关平台协助企业发展。深圳政府好像贴心保姆一般，悉心呵护着每个企业的成长。当政策有了足够的诱惑力，深圳就会吸引大批人才。大家怀揣梦想，从四面八方赶来，以致深圳有了『没有外地人』一说，谁到了深圳，谁就是深圳人。这里不论学历高低，也没有什么思想禁锢，能给人『海阔凭鱼跃，天高任鸟飞』般的自由。

深圳还有一点不可小觑，那就是毗邻港澳，这样的地理位置让深圳的企业从一开始就要面对国际竞争，充满危机感。深圳大多数企业没什么背景，如果你做得不好，客户转身就去香港了，因此企业只能靠做好产品才能生存，所以，从一定意义上说，能够在深圳存活下来的企业都相当厉害，也因此，这些企业都存在发展壮大的无限可能。

HUAWEI
BYD
ZTE中兴
中国平安
PING AN
万科
mindray迈瑞
生命科技如此亲近
HAN'S LASER
大族激光
深圳

深圳的著名企业（部分）
腾讯 比亚迪 华为通讯 万科地产 中兴通讯 平安集团 迈瑞医疗 顺丰速运 华大基因 大族激光
大疆 迅雷 天音通信 华侨城 赛格 中集集团 华强 康佳 创维 酷派

好企业，深圳造

有句话叫“如果找国有企业500强，请去北京；找外资企业500强，可以到上海；但要找民族企业500强，一定要看深圳”。且不管这句话的对错，深圳的著名企业确实数不胜数，随便一说，就是腾讯、华为、万科、平安、顺丰这样的“大咖”。并没有多少科研院所的深圳，是怎么让众多企业快速崛起的呢？

细究其中原因，深圳的政策优势肯定是少不了的。深圳作为改革开放后的第一个经济特区，国家给予重点扶持，深圳政府更是为民族企业提供了各种便利。深圳市科技创新委员会每年要资助3000多项创新研究，在研究补助方面“英雄不论出处”，不管是国有还是民营，一律平等相待。在深圳，企业要完成审批，绝大部分程序都能在网络平台办理，便捷高效。企业发展到一定规模时，资金会成为瓶颈。这时，政府就会出面，通过相关平台协助企业发展。深圳政府好像贴心保姆一般，悉心呵护着每个企业的成长。

当政策有了足够的诱惑力，深圳就会吸引大批人才。大家怀揣梦想，从四面八方赶来，以致深圳有了“没有外地人”一说，谁到了深圳，谁就是深圳人。这里不论学历高低，也没有什么思想禁锢，能给人“海阔凭鱼跃，天高任鸟飞”般的自由。

深圳还有一点不可小觑，那就是毗邻港澳。这样的地理位置让深圳的企业从一开始就要面对国际竞争，充满危机感。深圳大多数企业没什么背景，如果你做得不好，客户转身就去香港了，因此企业只能靠做好产品才能生存。所以，从一定意义上说，能够在深圳存活下来的企业都相当厉害，也因此，这些企业都存在发展壮大的无限可能。

深圳风俗

从小年到十五，老深圳天天有正事

在中国，年不仅仅指大年三十当天，广义上说，从腊月二十三的小年开始，一直到来年正月十五都算在年里。老深圳人提起过年通常都会用一个字来表达——忙。因为旧时深圳从小年到正月十五，每天做什么都是有讲究的，若一天不落地按风俗去执行下来，确实，整个年里都不得闲。

腊月二十三，灶王要上天。这一天俗称小年，家家户户祭灶，因为传说灶王爷在这一天要上天庭禀明凡间一年的情况。所以，有些老人会在灶君的祭品中多放一些糖，意在让灶君多帮自家说些甜言蜜语，以求来年幸福安康。

腊月二十四，全家扫房子。这一天是大扫除的日子，老人们习惯用艾草扫一扫窗台、玄关，且只能由内向外扫，寓意将霉运扫走。

腊月二十五，推磨做豆腐。传说这一天，玉帝在听了灶君的话后，要下凡随机查访一些家庭。因此，这一天家家磨豆腐，吃豆渣，以示清苦，老人也说这叫忆苦思甜。

腊月二十六，杀猪割年肉。过去生活条件不佳，很多家庭一年只有在过年的时候才能吃肉，所以这一天杀猪割肉的活动格外让人兴奋。

腊月二十七，扎堆赶大集。这一天是买卖人在这一年中最后一天出摊了，也是老百姓置办年货的最后一天，所以这一天也就慢慢变成了赶大集的日子。

腊月二十八，打糕蒸馍花。如今年轻人很少见到老人用模具卡馒头花了，而这在以前很常见。卡花的模具一定得是桃木所制，这是因为古人认为桃木辟邪，这一天用桃木模具做馒头

从小年到十五，老深圳天天有正事

在中国，年不仅仅指大年三十当天，广义上说，从腊月二十三的小年开始，一直到来年正月十五都算在年里。老深圳人提起过年，通常都会用一个字来表达——忙。因为旧时深圳从小年到正月十五，每天做什么都是有讲究的，若一天不落地按风俗去执行下来，确实，整个年里都不得闲。

腊月二十三，灶王要上天。这一天俗称小年，家家户户祭灶，因为传说灶王爷在这一天要上天庭禀明凡间一年的情况。所以，有些老人会在灶君的祭品中多放一些糖，意在让灶君多帮自家说些甜言蜜语，以求来年幸福安康。

腊月二十四，全家扫房子。这一天是大扫除的日子，老人们习惯用艾草扫一扫窗台、玄关，且只能由内向外扫，寓意将霉运扫走。

腊月二十五，推磨做豆腐。传说这一天，玉帝在听了灶君的话后，要下凡随机查访一些家庭。因此，这一天家家磨豆腐、吃豆渣，以示清苦，老人也说这叫忆苦思甜。

腊月二十六，杀猪割年肉。过去生活条件不佳，很多家庭一年只有在过年的时候才能吃肉，所以这一天杀猪割肉的活动格外让人兴奋。

腊月二十七，扎堆赶大集。这一天是买卖人在这一年中最后一天出摊了，也是老百姓置办年货的最后一天，所以这一天也就慢慢变成了赶大集的日子。

腊月二十八，打糕蒸馍花。如今年轻人很少见到老人用模具卡馒头花了，而这在以前很常见。卡花的模具一定得是桃木所制，这是因为古人认为桃木辟邪，这一天用桃木模具做馒头寓意辟邪纳吉。

寓意辟邪纳吉。

腊月二十九，祭祖三杯酒。祭拜祖先是我国传统国人认为后辈的美好生活是由先祖庇荫的，因此年三十前一天要祭祖，祈求祖先保佑家庭来年能平平安安。

大年三十守岁不辞。根据传统，年夜饭一定要用圆桌，这样一家人吃饭才是团团圆圆。饭后一家人要守岁熬过凌晨，并在新年的第一时间互道“过年好”。

大年初一拿压岁钱。从初一大早的金鸡报晓开始，晚辈就要给长辈拜年了，而长辈要给晚辈压岁钱。压岁钱的本意是压住邪祟，也就是希望晚辈能够健康成长。

大年初二，新人参拜。刚结婚的新人在大年初二要尽可能向家庭里每一位长辈拜年。当地有“东家留吃饭，西家排酒宴”的习俗，也就是长辈们要分方位留饭留酒，这是诚心祈福的传统，以保佑一对新人早生贵子。

大年初三丈人口干。这一天最高兴的莫过于老丈人了，因为这一天是女儿带着女婿回娘家的日子。都说女儿是父母的小棉袄，在这一天，老丈人会有很多话和女儿女婿说，虽有些絮叨却包含满满的爱，因此“丈人口干”是指那些思念女儿一年的老丈人和丈母娘，把攒了一年的话一天说完，说得嘴都干了。

大年初四，迎灶王归。传说这一天灶王爷会到民间，是俗称“灶王爷查户口”的日子。这一天最大的讲究就是不能剩饭，如果被灶王爷发现家中有人浪费粮食，那么在新的一年里这家升火灶不会顺利，容易吃冷食。

大年初五财神通路。许多店面是大年初五开始营业，开门迎客之前要放响亮的鞭炮迎接财神。当地人说，鞭炮声要响亮，是因为店面门前的路通常是一条，但老板希望能接到东西南北中五路财神，便以鞭炮声通路，邀请五路财神到自家店中。

大年初六，人人送穷。这一天家家户户闭门不见客，怕穷神入宅。同时，许多家庭还会将汤酒泼洒到街巷里，寓意送穷神。

大年初七，休养生息：老泰州人会在这一天为家中老人做“七宝羹”，同时，这一天一定

腊月二十九，祭祖三杯酒。祭拜祖先是我国的传统，国人认为后辈的美好生活是由先祖庇荫的。因此，年三十前一天要祭祖，祈求祖先保佑家庭来年能平平安安。

大年三十，守岁不辞。根据传统，年夜饭一定要用圆桌，这样一家人吃饭才是团团圆圆。饭后一家人要守岁熬过凌晨，并在新年的第一时间互道“过年好”。

大年初一，拿压岁钱。从初一一大早的金鸡报晓开始，晚辈就要给长辈拜年了，而长辈要给晚辈压岁钱。压岁钱的本意是“压住邪祟”，也就是希望晚辈能够健康成长。

大年初二，新人参拜。刚结婚的新人，在大年初二要尽可能向家庭里每一位长辈拜年。当地有“东家留吃饭，西家排酒宴”的习俗，也就是长辈们要分方位留饭留酒。这是诚心祈福的传统，以保佑一对新人早生贵子。

大年初三，丈人口干。这一天最高兴的莫过于老丈人了，因为这一天是女儿带着女婿回娘家的日子。都说女儿是父母的小棉袄，在这一天，老丈人会有很多话和女儿女婿说，虽有些絮叨却包含满满的爱。因此，“丈人口干”是指那些思念女儿一年的老丈人和丈母娘，把攒了一年的话一天说完，说得嘴都干了。

大年初四，迎灶王归。传说这一天灶王爷会到民间，是俗称“灶王爷查户口”的日子。这一天最大的讲究就是不能剩饭，如果被灶王爷发现家中有人浪费粮食，那么在新的一年里这家开火灶不会顺利，容易吃冷食。

大年初五，财神通路。许多店面是大年初五开始营业，开门迎客之前要放响亮的鞭炮迎接财神。当地人说，鞭炮声要响亮，因为店面门前的路通常只有一条，但老板希望能接到东西南北中五路财神，便以鞭炮声通路，邀请五路财神到自家店中。

大年初六，人人送穷。这一天家家户户闭门不见客，怕穷神入宅。旧时，许多家庭还会将汤酒泼洒到街巷里，寓意送穷神。

大年初七，休养生息。老深圳人会在这一天为家中老人做“七宝羹”，同时，这一天一定不能惹老人生气，不能让老人干活，以此为老人求寿。据说之所以选择大年初七为老人求寿，是源自

不能惹老人生气，不能让老人干活，以此为老人求寿。据说之所以选择大年初七为老人求寿，也是源自孔明以七星灯求寿的典故。

大年初八，放生祈福。相传大年初八是众星下界的日子，星宿们会选择好人家赐予福禄，因此这一天老深圳人会放生祈福，希望星宿降临自家。

大年初九，玉皇天诞。“玉皇大帝是天界最高的统领，而且“九”这个数字代表最大，又是“极阳之数”，因此初九这一天老深圳人会举行堂会祭典为玉皇大帝庆祝生日。

大年初十，感恩祭石。五谷皆生于土地，古人祭天，亦会祭祀大地。古时候农家会有石磨，人们认为石磨是大地的象征，所以这一天会“祭石”以感谢土地。

正月十一，紫姑穿衣。紫姑被当地奉为弱势女子的保护神，有点像“仙家的妇女主任”。这一天女子会祭拜紫姑，祈求新的一年顺顺利利，不受坏人伤害。

正月十二，灯棚搭建。百姓从这一天开始为元宵节作准备，彩灯和汤圆作为这一节日的主角，自然是重中之重。

正月十三，灶下点灯。这一天百姓需要在灶台下点一盏油灯，寓意有二：一是要煮汤圆，而汤圆寓意“团圆”，所以提前点灯就是通知所有人回家吃汤圆，一家团圆；二是提醒灶神，新的一年又要开始掌火了，请他保佑家中不要有火灾。

正月十四，产妇吃斋。这一天是“临水娘娘”诞辰，她是守护产妇的神灵。身怀六甲的妇女在这一天要吃斋，静心祭祀包括孕妇的丈夫也最好在这一天吃斋，为妻子祈福。

正月十五，闹花灯。据说，元宵节赏花灯的习俗源自“夜照田蚕”，古人在正月十五的晚上会去田间看蚕，在月光照射下，蚕的身体会发出不同的色彩，这色彩越是明亮就代表今年收成越好。后来，这一习俗演变成了正月十五看花灯。

年年岁岁花相似，岁岁年年人不同。时光流逝，“年”就像时间线上的一个节点，在这个节点上，大家聚在一起，看看彼此有什么变化，也在感慨那些不因时间而变化的回忆和情感。年俗，像是埋藏了一年的

陈香美酒，在年关的日子里拿出来品尝一下，以此喜欢。

孔明以七星灯求寿的典故。

大年初八，放生佳话。相传大年初八是众星下界的日子，星宿们会选择好人家赐予福禄。因此这一天老深圳人会放生祈福，希望星宿降临自家。

大年初九，玉皇天诞。玉皇大帝是天界最高的统领，而且“九”这个数字代表最大，又是“极阳之数”，因此初九这一天老深圳人会举行堂会祭典，为玉皇大帝庆祝生日。

大年初十，感恩祭石。五谷皆生于土地，古人祭天，亦会祭祀大地。古时候农家会有石磨，人们认为石磨是大地的象征，所以这一天会“祭石”以感谢土地。

正月十一，紫姑穿衣。紫姑被当地奉为弱势女子的保护神，有点像仙家的“妇女主任”。这一天女子会拜祭紫姑，祈求新的一年顺顺利利，不受坏人伤害。

正月十二，灯棚搭建。百姓从这一天开始为元宵节作准备，彩灯和汤圆作为这一节日的主角，自然是重中之重。

正月十三，灶下点灯。这一天百姓需要在灶台下点一盏油灯，寓意有二：一是要煮汤圆，而汤圆寓意“团圆”，所以提前点灯就是通知所有人回家吃汤圆，一家团圆；二是提醒灶神，新的一年又要开始掌火了，请他保佑家中不要有火灾。

正月十四，产妇吃斋。这一天是“临水娘娘”诞辰，她是守护产妇的神灵。身怀六甲的妇女在这一天要吃斋，静心祭祀，包括孕妇的丈夫也最好在这一天吃斋，为妻子祈福。

正月十五，闹花灯。据说，元宵节赏花灯的习俗源自“夜照田蚕”。古人在正月十五的晚上会去田间看蚕，在月光照射之下，蚕的身体会发出不同的色彩，这色彩越是明亮就代表今年收成越好。后来，这一习俗演变成了正月十五看花灯。

年年岁岁花相似，岁岁年年人不同。时光流逝，“年”就像时间线上的一个节点，在这个节点上，大家聚在一起，看看彼此有什么变化，也感慨那些不因时间而变化的回忆和情感。年俗，像是埋藏了一年的陈香美酒，在年关的日子里拿出来品尝一下，以此言欢。

客家婚礼从『哭嫁』说起
客家文化在整个深圳民俗文化中有着举足轻重的地位，其中客家婚俗更是独具特色。据当地老人讲述，客家的传统婚礼与当下婚礼不同，其中『哭嫁』是一个重要环节。在这个环节中必须哭出水平，哭出风格，哭出新高度。
大婚当日，男方敲锣打鼓来迎接新娘，迎亲队伍中有一个角色至关重要——大妗姐。所谓『大妗姐』，必须是村中颇有福气并善于张罗、能说会道的已婚妇女，她负责指引花轿，叩新娘家门、抱新娘入花轿等多个环节，责任重大。古时对大妗姐的要求非常严格，必须是已婚有子，父母公婆都健在的妇女，这样的妇女才有旺夫兴家的命格，才会给新人带来好运。新娘则要在大婚当日凌晨择吉时用柚子叶沐浴，随后由族中大姐梳头。从梳头开始，大姐就要带领陪伴的姐妹们大唱哭嫁歌，声音越大代表越有福气。直到新郎一干人等敲门成功，大妗姐背着新娘送进花轿，新娘依然要挣扎哭骂极力反抗。据说这个形式源自古代抢婚的习俗。最终，众人欢呼声、鞭炮锣鼓声、新娘哭嫁声交织成一曲『鸾凤和鸣』。
据专家考证哭嫁是客家流传已久的习俗，如果结婚时不哭不闹，被认为是不吉利的。我们相信，在这一天新娘哭得再大声也应当是喜极而泣吧。
囍
囍
《哭嫁歌·骂媒》
媒人生成钓勾嘴，
阳间讲开阴间来。
媒人闾身生马背，
生到马背生烂嘴。
生到马背箩喙大，
日辰流账夜流水。

客家婚礼从“哭嫁”说起

客家文化在整个深圳民俗文化中有着举足轻重的地位，其中客家婚俗更是独具特色。据当地老人讲述，客家的传统婚礼与当下婚礼不同，其中“哭嫁”是一个重要的环节。在这个环节中，必须哭出水平，哭出风格，哭出新高度。

大婚当日，男方敲锣打鼓来迎接新娘，迎亲队伍中有一个角色至关重要——大妗姐。所谓“大妗姐”，必须是村中颇有福气并善于张罗、能说会道的已婚妇女，她负责指引花轿、叩新娘家门、抢新娘入花轿等多个环节，责任重大。古时对大妗姐的要求非常严格，必须是已婚有子、父母和公婆都健在的妇女，这样的妇女才有旺夫兴家的命格，才会给新人带来好运。新娘则要在大婚当日凌晨择吉时用柚子叶沐浴，随后由族中大姐梳头。从梳头开始，大姐就要带领陪伴的姐妹们大唱哭嫁歌，声音越大代表越有福气。直到新郎一干人等敲门成功，大妗姐背着新娘送进花轿，新娘依然要挣扎哭骂极力反抗。据说这个形式源自古代抢婚的习俗。最终，众人欢呼声、鞭炮锣鼓声、新娘哭嫁声交织成一曲“鸾凤和鸣”。

据专家考证，哭嫁是客家流传已久的习俗，如果结婚时不哭不唱，被认为是不吉利的。我们相信，在这一天新娘哭得再大声也应当是喜极而泣吧。

抓一把沙子认清回家的路

深圳位于珠江口东侧，出海便利，也就成为天然的捕捞和贸易港口。岭南地区凡是出海之人大多都信奉妈祖，深圳一带亦是如此。深圳本土的风俗中把祭祀妈祖称为"辞沙"，据说这"辞沙"二字起源于一罐沙子。明朝时，深圳一带渔业兴盛，很多渔民出海前都会向妈祖祈求能够平安归来。据说曾经有一位姓郑的渔民，妻子刚得了重病过世，他便只能在出海捕鱼时带上不到十岁的儿子。男人不会哄孩子，就带上些玩具。渔民的孩子生在海边，沙子也是他们常玩的东西，所以这位父亲还顺手抓了几把沙子装进空罐里带到船上。天有不测风云，父子二人刚准备返航，海面上忽然起了风暴，巨浪滔天，网中的鱼被海浪冲走，渔船也无法掌控，只能随波逐流。一连三天，岸上的村民都没有看到父子二人回来，出去

的渔船也没有找到父子二人村民们便说是龙王把二人收走了。第四日傍晚，一只破烂不堪的渔船出现在村民的视野中，狼狈不堪的父子二人平安归来，孩子手里还捧着一罐沙子。后来父亲对村民们说："大浪把什么都冲跑了，除了孩子手里抱着的这罐沙子。孩子说沙子想回家，于是沙子往哪边跑，我就往哪边打船，没想到还真回来了！"自此之后，凡是出海的人在祭祀妈祖之后，都会抓一把沙子随身，而所谓"辞沙"二字，即为辞别沙滩，寓意离开家终究会回来。如今深圳辞沙、祭妈祖已发展为盛大的活动庆典，有戏曲、太平宴、舞狮舞龙、烧鬼王等丰富多彩的项目。若是你在农历三月二十三前后来到深圳，可千万不能错过。

抓一把沙子认清回家的路

深圳位于珠江口东侧，出海便利，也就成为天然的捕捞和贸易港口。岭南地区凡是出海之人大多都信奉妈祖，深圳一带亦是如此。深圳本土的风俗中把祭祀妈祖称为“辞沙”，据说这“辞沙”二字起源于一罐沙子。

明朝时，深圳一带渔业兴盛，很多渔民出海前都会向妈祖祈求能够平安归来。据说曾经有一位姓郑的渔民，妻子刚得了重病过世，他便只能在出海捕鱼时带上不到10岁的儿子。男人不会哄孩子，就带上些玩具。渔民的孩子生在海边，沙子也是他们常玩的东西，所以这位父亲还顺手抓了几把沙子装进空罐里，带到船上。天有不测风云，父子二人刚准备返航，海面上忽然起了风暴，巨浪滔天，网中的鱼被海浪冲走，渔船也无法掌控，只能随波逐流。一连三天，岸上的村民都没有看到父子二人回来，出去的渔船也没有找到他们，村民们便说是龙王把二人收走了。第四日傍晚，一只破烂的渔船出现在村民的视野中，狼狈不堪的父子二人平安归来，孩子手里还捧着一罐沙子。父亲对村民们说：“大浪把什么都冲跑了，除了孩子手里抱着的这罐沙子。孩子说沙子想回家，于是沙子往哪边跑，我就往哪边打船，没想到还真回来了！”自此以后，凡是出海的人，在祭祀妈祖之后，都会抓一把沙子随身携带，而所谓“辞沙”二字，即为辞别沙滩，寓意离开家终究会回来。

如今深圳辞沙、祭妈祖已发展为盛大的活动庆典，有戏曲、太牢宴、舞狮舞龙、烧鬼王等丰富多彩的项目。若是你在农历三月二十三前后来到深圳，可千万不能错过。

打醮：这里的包子抢不完

打醮，是旧时深圳东部非常普遍的一种客家习俗，简单来说就是请道士或者僧人做法事，祈求五谷丰登、平安吉祥。打醮周期不定，短则一年一次，长则五年八年一次，若是问当地老人们打醮活动中印象最深的是什么，他们十有八九会回答说“抢包山”。

打醮是民间活动，每一次都是由相邻几个村的乡绅抽签选出或推举一个负责人，称为“醮主”。随后乡绅出钱，老百姓出粮食和劳动力，齐心协力将打醮办好。相对于打醮过程中严肃的祭祀环节，老百姓则更喜欢最后的“抢包山”环节。在打醮前一天要做好成千上万个点了红点的包子（称为“幽包”），在打醮当夜找一处空地铺上粗布后用长木凳搭起一座小山，随后用包子码满木凳，远看上去就如同一座包子组成的小山。吉时一到，锣声一响，各家的孩童就冲向包山去抢包子，据说这些包子代表打醮活动后天神赏赐百姓的礼物，谁家抢得多就代表谁家受到的祝福多。由于不准拿包袱口袋抢包子，大人们也不准帮忙，所以想抢更多包子，孩子们就要不断地往自家父母手中送，甚至还有边抢边吃的孩童。第二声锣响后，以数量定胜负，获胜者还会有额外的奖励。可想而知抢不完的包子与朝气蓬勃的孩童，定是打醮活动中最热闹的一环。

其实，自一九四九年以来，打醮活动在深圳就不多见了，它演化成了很多相对简单的祭祀活动。旧时打醮的热闹情景只能通过当地老人的讲述想象了。

打醮：这里的包子抢不完

打醮，是旧时深圳东部非常普遍的一种客家习俗，简单来说就是请道士或者僧人做法事，祈求五谷丰登、平安吉祥。打醮周期不定，短则一年一次，长则五年八年一次。若是问当地老人们打醮活动中印象最深的是什么，他们十有八九会回答说“抢包山”。

打醮是民间活动，每一次都是由当地的乡绅抽签选出或推举一个负责人，称为“醮主”。随后乡绅出钱，老百姓出粮食和劳动力，齐心协力将打醮办好。相对于打醮过程中严肃的祭祀环节，老百姓往往更喜欢最后的“抢包山”环节。在打醮前一天要做好成千上万个点了红点的包子（称为“幽包”），在打醮当夜找一处空地，铺上粗布后用长木凳搭起一座小山，随后用包子码满木凳，远远看上去就如同一座“包山”。吉时一到，锣声一响，各家的孩童就冲向“包山”去抢包子，据说这些包子代表打醮活动后天神赏赐百姓的礼物，谁家抢得多就代表谁家受到的祝福多。由于不准拿包袱口袋抢包子，大人们也不准帮忙，所以想抢更多的包子，孩子们就要不断地往自家父母手中送，甚至还有边抢边吃的孩童。第二声锣响后，以数量定胜负，获胜者还会有额外的奖励。可想而知，抢不完的包子与朝气蓬勃的孩童，定是打醮活动中最热闹的一环。

其实，自1949年以来，打醮活动在深圳就不多见了，它演化成了很多相对简单的祭祀活动。旧时打醮的热闹情景，只能通过当地老人的讲述想象了。

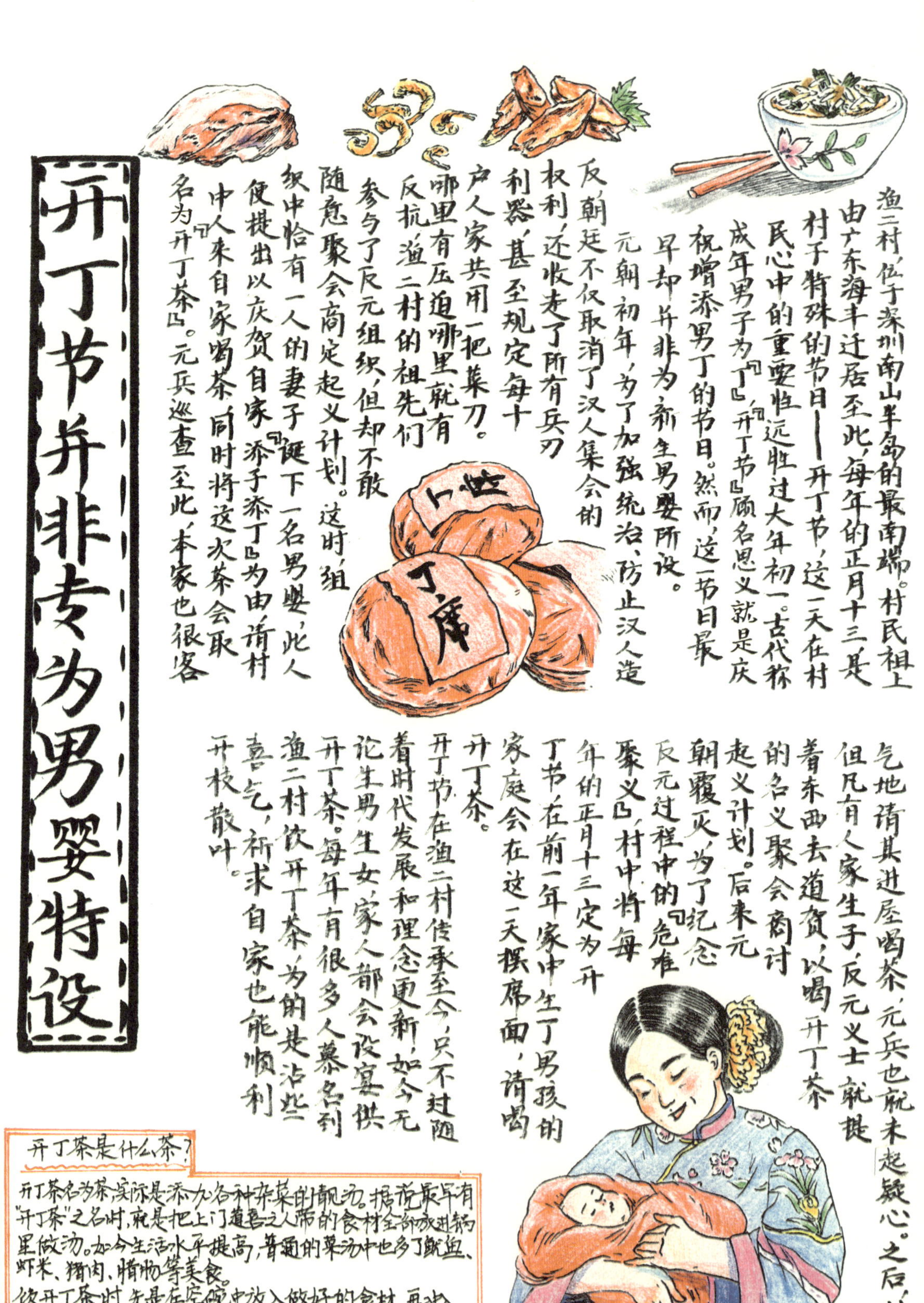

开丁节并非专为男婴特设
渔二村，位于深圳南山半岛的最南端。村民祖上由广东海丰迁居至此，每年的正月十三是村子特殊的节日——开丁节，这一天在村民心中的重要性远胜过大年初一。古代称成年男子为『丁』，『开丁节』顾名思义就是庆祝增添男丁的节日。然而，这一节日最早却并非为新生男婴所设。
元朝初年，为了加强统治、防止汉人造反，朝廷不仅取消了汉人集会的权利，还收走了所有兵刃利器，甚至规定每十户人家共用一把菜刀。哪里有压迫哪里就有反抗，渔二村的祖先们参与了反元组织，但却不敢随意聚会商定起义计划。这时，组织中恰有一人的妻子诞下一名男婴，此人便提出以庆贺自家『添子添丁』为由，请村中人来自家喝茶，同时将这次茶会取名为『开丁茶』。元兵巡查至此，本家也很客气地请其进屋喝茶，元兵也就未起疑心。之后，村里但凡有人家生子，反元义士就提着东西去道贺，以喝开丁茶的名义聚会商讨起义计划。后来元朝覆灭，为了纪念反元过程中的『危难聚义』，村中将每年的正月十三定为开丁节，在前一年家中生了男孩的家庭会在这一天摆席面，请喝开丁茶。
开丁节在渔二村传承至今，只不过随着时代发展和理念更新，如今无论生男生女，家人都会设宴供开丁茶。每年有很多人慕名到渔二村饮开丁茶，为的是沾些喜气，祈求自家也能顺利开枝散叶。
开丁茶是什么茶？
开丁茶名为茶，实际是添加各种杂菜的靓汤。据说最早有“开丁茶”之名时，就是把上门道喜之人带的食材全部放进锅里做汤。如今生活水平提高，普通的菜汤中也多了鱿鱼、虾米、猪肉、腊肠等美食。
饮开丁茶时，先是在空碗中放入做好的食材，再冲入“茶水”，当然这里的茶水是鸡汤、骨汤等。

开丁节并非专为男婴特设

渔二村，位于深圳南山半岛的最南端。村民祖上由广东海丰迁居至此，每年的正月十三是村子特殊的节日——开丁节，这一天在村民心中的重要性远胜过大年初一。古代称成年男子为“丁”，“开丁节”顾名思义就是庆祝增添男丁的节日。然而，这一节日最早却并非为新生男婴所设。

元朝初年，为了加强统治，防止汉人造反，朝廷不仅取消了汉人集会的权利，还收走了所有兵刃利器，甚至规定每十户人家共用一把菜刀。哪里有压迫哪里就有反抗，渔二村的祖先们参与了反元组织，但却不敢随意聚会商定起义计划。这时，组织中恰有一人的妻子诞下一名男婴，此人便以庆贺自家“添子添丁”为由，请村中人来自家喝茶，同时将这次茶会取名为“开丁茶”。元兵巡查至此，本家也很客气地请其进屋喝茶，元兵也就未起疑心。之后，村里但凡有人家生子，反元义士就提着东西去道贺，以喝开丁茶的名义聚会商讨起义计划。后来元朝覆灭，为了纪念反元过程中的“危难聚义”，村中将每年的正月十三定为开丁节，在前一年家中生了男孩的家庭会在这一天摆席面，请喝开丁茶。

开丁节在渔二村传承至今，只不过随着时代发展和理念更新，如今无论生男生女，家人都会设宴供开丁茶。每年有很多人慕名到渔二村饮开丁茶，为的是沾些喜气，祈求自家也能顺利开枝散叶。

打春牛：“牛都干活了，人就别懒了”

旧时深圳每逢立春，从事农耕的百姓就会自行组织起来，由当地掌事之人带领开展“打春牛”的活动。“打春牛”又叫“鞭春”，一方面是为催促百姓忙农耕地，另一方面是为了祈祷今年有个好收成。这一民俗，源于上古春神——句芒。

相传东晋年间，有一年的冬季特别寒冷，深圳百姓过冬后身体慵懒，都不爱下地干活。眼看立春时节就要到来，若是错过了春种，到了年尾就得挨饿。县太爷每天都派人督促百姓下地干活，却收效甚微。就在立春的前一天，一个身穿绿衣、面相如鸟的老者鞭打着一只黑牛在县中散步。可能是老者鞭打得太重，黑牛的叫声格外大，导致四周百姓家的牛都叫唤起来。古时牛是百姓耕种的主要“工具”，各家的牛一叫，百姓也都醒了，立刻出来看热闹，人越来越多。老者赶着黑牛到了衙门口，县太爷听见牛叫也出来，劝老者手下留情，不要把牛打死。老者自顾自地说：“牛懒了人可鞭之，人懒了谁可鞭之？”说罢，老者化作一阵风消失了，那只黑牛也变成了土牛，而土牛外面的土慢慢掉落后，显露出了里面满满的五谷。这下围观的人才意识到，老者的长相酷似春神句芒，原来是春神通过鞭打黑牛来提醒百姓春耕为重。自此，立春时节“打春牛”的习俗流传至今。

如今深圳南山区后海南山村还有一座建于明代的“春牛堂”，正是明清时代打春牛的场所。知四季，懂时节，应万物，这正是“打春牛”留给后人的启示。

打春牛：牛都干活了，人就别懒了

旧时深圳每逢立春，从事农耕的百姓就会自行组织起来，由当地掌事之人带领开展“打春牛”的活动。“打春牛”又叫“鞭春”，一方面是为催促百姓忙农耕地，另一方面是为了祈祷今年有个好收成。这一民俗源于上古春神——句芒。

相传东晋年间，有一年的冬季特别寒冷，深圳百姓过冬后身体慵懒，都不爱下地干活。眼看立春时节就要到来，若是错过了春种，到了年尾就得挨饿。县太爷每天都派人督促百姓下地干活，却收效甚微。就在立春的前一天，一个身穿绿衣、面相如鸟的老者鞭打着一只黑牛在县中散步。可能是老者鞭打得太重，黑牛的叫声格外大，导致四周百姓家的牛都叫唤起来。古时牛是百姓耕种的主要“工具”，各家的牛一叫，百姓也都醒了，立刻出来看热闹，人越来越多。老者赶着黑牛到了衙门口，县太爷听见牛叫也出来，劝老者手下留情，不要把牛打死。老者自顾自地说：“牛懒了人可鞭之，人懒了谁可鞭之？”说罢，老者化作一阵风消失了，那只黑牛也变成了土牛，而土牛外面的土慢慢塌掉后，显露出了里面满满的五谷。这下围观的人才意识到，老者的长相酷似春神句芒，原来是春神通过鞭打黑牛来提醒百姓春耕为重。自此，立春时节“打春牛”的习俗流传至今。

如今深圳南山区后海南山村还有一座建于明代的“春牛堂”，正是明清时代打春牛的场所。“知四季，懂时节，应万物”，这正是“打春牛”留给后人的启示。

鱼灯舞：团结之舞

在深圳大鹏湾西北岸的沙头角有一个古老的村落——沙兰吓村。这个村子在二〇〇三年被文化部命名为“中国特色民间艺术之乡”。村子民间文化的代表“鱼灯舞”舞出了“团结就是力量”的集体智慧，已有两百多年的历史了。

清朝康熙年间，吴氏一族的先人从广东博罗迁到深圳沙头角并在此定居，之后快速融入了当地人的生活，并在当地元宵节“张灯作乐”的习俗中负责掌火。某一年，出海归来的一位吴氏族人讲述了在捕鱼时看到的一个情景：一条大鱼肆意吃着海中小鱼，后来小鱼们团结一致，最终将大鱼驱逐。吴氏族人深感“团结互助”的重要，便在第二年的元宵节上，创造出很多种鱼形灯笼，并多人一起手持灯笼，将吴氏族人所讲述的故事演绎为舞蹈，大人孩子看了后齐声欢呼叫好。

当时沙头角渔民出海捕捞常遇海盗，如果数条渔船结伴捕鱼，虽然每条渔船收获略减，但海盗却不敢轻易攻击，这一点和鱼灯舞的寓意非常契合。自此之后，学跳鱼灯舞便成为沙栏吓村所有男丁的必修课。这个舞除了可以在节日上娱乐表演，更重要的是将“团结”的思想一代代传承下去。

如今，鱼灯舞的内容非常丰富，舞蹈中的“大鱼”是“黄鳍角”，象征海盗，鲤鱼、角鱼、虾公等象征农民、渔夫、老者等。二〇〇八年，鱼灯舞还被列入了国家非遗名录，谁若是途经此处，定要一睹风采。

鱼灯舞：团结之舞

在深圳大鹏湾西北岸的沙头角，有一个古老的村落——沙栏吓村。这个村子在2003年被文化部命名为“中国特色民间艺术之乡”。村子民间文化的代表“鱼灯舞”舞出了“团结就是力量”的集体智慧，已有两百多年的历史了。

清朝康熙年间，吴氏一族的先人从广东博罗迁到深圳沙头角，并在此定居，之后快速融入了当地人的生活，并在当地元宵节“张灯作乐”的习俗中负责掌火。某一年，归来的一位吴氏族人讲述了在捕鱼时看到的一个情景：一条大鱼肆意吃着海中小鱼，后来小鱼们团结一致，最终将大鱼驱逐。吴氏族人深感“团结互助”的重要，便在第二年的元宵节上，创造出很多种鱼形灯笼，并多人一起手持灯笼，将吴氏族人所讲述的故事演绎为舞蹈。大人孩子看了后齐声欢呼叫好。

当时沙头角渔民出海捕捞常遇海盗，如果数条渔船结伴捕鱼，虽然每条渔船收获略减，但海盗却不敢轻易攻击，这一点和鱼灯舞的寓意非常契合。自此之后，学跳鱼灯舞便成为沙栏吓村所有男丁的必修课。这个舞除了可以在节日上娱乐表演，更重要的是将“团结”的思想一代代传承下去。

如今，鱼灯舞的内容非常丰富，舞蹈中的“大鱼”是黄鳢角，象征海盗；鲤鱼、角鱼、虾公等象征农民、渔夫、老者等。2008年，鱼灯舞还被列入了国家非遗名录。谁若是途经此处，定要一睹风采。

第三章
深圳景致

七娘山上有宝藏

深圳的七娘山是一座很特殊的山，它不是旅游胜地，甚至根本没有被开发，但总有驴友在七娘山遇险的消息传出。到底是什么原因导致人们屡屡涉险呢？想来只有传说已久的“七娘山宝藏”才有此吸引力了。

明末清初，“岭南三忠”之一的张家玉起兵反清，李万荣是其参将，奉命攻破大鹏所城，据守大鹏湾。李万荣家财颇丰，又有立志反清的商贾支持，因此积聚了大量财宝，并将它们秘密运上七娘山。后来清廷派兵讨伐，把李万荣部围困在水贝村，李万荣便取出一些财宝引清兵争夺，趁机逃上七娘山。清兵几次围剿都因为七娘山地势险要作罢。据说，清兵不了解李万荣的情况，便向当地人打听，却又听不懂方言，误把“李万荣”听成“几万人”，吓得赶紧鸣金收兵，这才让李万荣在七娘山上逍遥了六年之久。

李万荣部虽有两百多人，但不事生产，久在山上逗留，最终成了祸害乡里的土匪。山下的村民忍无可忍，请求官府出兵，官府派人假扮卖货郎上山打探，这才得知李万荣部的真正人数，于是便派数千官兵包围七娘山。李万荣知道大势已去，便命令部下集体自杀，自己也用佩刀自杀了。清兵上山后只见到满地的尸体和被血染红的水潭。

李万荣和他的部下都已死去，宝藏的下落从此无人知晓，只流传下了“层层十三塔，塔塔十三行，谁人估得中？黄金过斗量”的暗语。这里的“塔”在当地是水缸的意思，从这几句暗语里就能看出这些财宝数量巨大。此外，还有一句暗语为“军旗旗影之下”，说的应该是藏宝位置，但今日已不可考证。

七娘山上到底有没有宝藏，也许若干年后我们便会得知。

七娘山上有宝藏

深圳的七娘山是一座很特殊的山，它不是旅游胜地，甚至根本没有被开发，但总有驴友在七娘山遇险的消息传出。到底是什么原因导致人们屡屡涉险呢？想来只有传说已久的“七娘山宝藏”才有此吸引力了。

明末清初，“岭南三忠”之一的张家玉起兵反清，李万荣是其参将，奉命攻破大鹏所城，据守大鹏湾。李万荣家财颇丰，又有立志反清的商贾支持，因此汇聚了大量财宝，并将它们秘密运上七娘山。后来清廷派兵讨伐，把李万荣部围困在水贝村，李万荣便取出一些财宝引清兵争夺，趁机逃上七娘山。清兵几次围剿，都因为七娘山地势险要作罢。据说，清兵不了解李万荣的情况，便向当地人打听，却又听不懂方言，误把“李万荣”听成“几万人”，吓得赶紧鸣金收兵，这才让李万荣在七娘山上逍遥了6年之久。

李万荣部虽有200多人，但不事生产，久在山上逗留，最终成了祸害乡里的土匪。山下的村民忍无可忍，请求官府出兵，官府派人假扮卖货郎上山打探，这才得知李万荣部的真正人数，于是便派数千官兵包围七娘山。李万荣知道大势已去，便命令部下集体自杀，自己也用佩刀自杀了。清兵上山后只见到满地的尸体和被血染红的水潭。

李万荣和他的部下都已死去，宝藏的下落从此无人知晓，只流传下了“层层十三塔，塔塔十三行，谁人估得中？黄金过斗量”的暗语。这里的“塔”在当地是水缸的意思，从这几句暗语里就能看出这些财宝数量巨大。此外，还有一句暗语为“军旗旗影之下”，说的应该是藏宝位置，但今日已不可考证。

七娘山上到底有没有宝藏，也许若干年后我们便会得知。

因爱得名羊台山

在宝安区和南山区交界地带，有一座羊台山。羊台山既是深圳河的重要发源地，其主峰也是深圳西部的最高峰。关于它的名字，还有一段悲情的传说。

传说唐朝时，一位林姓官员因为不满武则天专权，弃官离乡，来到羊台山下定居。这林姓官员有个女儿，名叫珠珠，生得美丽动人。而他们的邻村吕财主家有个儿子，是个纨绔子弟，十分好色，有一次看到珠珠，就想据为己有。谁知这珠珠早已有了意中人，那就是吕财主家的长工海仔。海仔经常在山上放羊，热心勤快，深得大家喜欢。他还爱在放羊的时候吹笛唱歌，更加引得珠珠心迷神醉。

吕公子知道后恼羞成怒，竟然将海仔害死。海仔死后，他的灵魂仍然舍不得离开乡民和珠珠，便祈求神仙将其变成山上的果树，结出方柿、石榴和芒果，希望在其果实成熟时被摘下送到爱人面前。但珠珠受不了心上人死去的打击，也殉情而死。神仙觉得可怜，就将珠珠变成仙女。变成了仙女的珠珠便赶起了海仔的羊群，继续在山上放牧吹笛。当地人为了纪念他们，便把这座山叫"羊笛山"。因为在当地方言中，"台"与"笛"音相近，久而久之就被叫成"羊台山"了。

羊台山不光景色美丽，故事哀婉，还是一座英雄山。在抗日战争和解放战争时期，羊台山游击区是东江纵队打击敌人的重要阵地。羊台山当地民众曾和东江游击队一起，创造了震惊中外的"胜利大营救"——从沦陷的香港九龙岛营救出了茅盾、何香凝、邹韬奋等许多著名的爱国人士。所以，不管是看风景、听故事，还是缅怀先烈，羊台山都是一个好去处。

因爱得名羊台山

在宝安区和南山区交界地带，有一座羊台山，羊台山既是深圳河的重要发源地，其主峰也是深圳西部的最高峰。关于它的名字，还有一段悲情的传说。

传说唐朝时，一位林姓官员因为不满武则天专权，弃官离乡，来到羊台山下定居。这林姓官员有个女儿，名叫珠珠，生得美丽动人。而他们的邻村吕财主家有个儿子，是个纨绔子弟，十分好色，有一次看到珠珠，就想据为己有。谁知这珠珠早已有了意中人，那就是吕财主家的长工海仔。海仔经常在山上放羊，热心勤快，深得大家喜欢。他还爱在放羊的时候吹笛唱歌，更加引得珠珠心迷神醉。

吕公子知道后恼羞成怒，竟然将海仔害死。海仔死后，他的灵魂仍然舍不得离开乡民和珠珠，便祈求神仙将其变成山上的果树，结出方柿、石榴和芒果，希望在其果实成熟时被摘下，送到爱人面前。但珠珠受不了心上人死去的打击，也殉情而死。神仙觉得可怜，就将珠珠变成仙女。变成了仙女的珠珠便赶起了海仔的羊群，继续在山上放牧吹笛。当地人为了纪念他们，便把这座山叫“羊笛山”。因为在当地方言中，“台”与“笛”音近，久而久之就误叫成“羊台山”了。

羊台山不光景色美丽，故事浪漫，还是一座英雄山。在抗日战争和解放战争时期，羊台山游击区是东江纵队打击敌人的重要阵地。羊台山当地民众曾和东江游击队一起，创造了震惊中外的“胜利大营救”——从沦陷的港九孤岛营救出了茅盾、何香凝、邹韬奋等许多著名的爱国人士。所以，不管是看风景、听故事，还是缅怀先烈，羊台山都是一个好去处。

小贴士

深圳八景

侨城锦绣（华侨城）、深南溢彩（深南大道）、莲山春早（莲花山）、大鹏所城（大鹏所城）、梅沙踏浪（大梅沙和小梅沙）、梧桐烟云（梧桐山）、羊台叠翠（羊台山）、一街两制（中英街）

罗湖之名的由来

罗湖区是深圳经济特区最早开发的城区，随着此处的经济飞速发展，罗湖之名也逐渐被人熟知。很多人第一次听到"罗湖"这个名字，会认为这里有一片湖泊，其实并非如此。"罗湖"之名的由来，还得从一个爱吃鱼的"代言人"说起。

明朝永乐年间有一个贡生叫袁渔隐，此人颇具学识文采，本有希望入仕为官。然而袁渔隐这个人生性洒脱，喜欢游山玩水，还常以自己名中有个"渔"字而自嘲，说自己一辈子的追求就是钓鱼、吃鱼。袁渔隐有一次偶然来到新安县境内，在一处溪流中取水，惊奇地发现溪水中有许多肥美的鳜鱼。袁渔隐本就爱吃鱼，便找来竹枝做了根简易鱼竿垂钓起来。山映斜阳，绿树葱茏，涓涓细流，鱼肉喷香……最终，他决意隐居在此。隐居在这"罗溪"水畔。袁渔隐也算小有才名，隐居一年后略感寂寞，就写信给同窗好友，言罗溪景美和鳜鱼味美。

但收到信的人虽深信此处山林优美，却不信一条小溪能有那么多肥美的鳜鱼。袁渔隐无奈之下，写了不少有关罗溪鳜鱼的诗句，其中以"罗溪水长鳜鱼肥，同客观潮坐石矶"最为脍炙人口。后来"观潮"二字被后人联想，认为既然能观潮，必然不是溪水，罗溪流向之处必有一处湖泊，也就是"罗湖"。自此，罗湖之名兴起。这都要感谢袁渔隐这位罗湖代言人了。

如今，罗湖的水不仅滋养了肥美的鳜鱼，还倒映着深圳蓬勃发展的景象。

深圳罗湖口岸

中国目前客流量最大的旅客出入境陆路口岸，是联结香港和内地的"第一口岸"，也是对外交往的窗口。改革开放前外国人多也由此入境。

罗湖区仙湖植物园

罗湖之名的由来

罗湖区是深圳经济特区最早开发的城区，随着此处的经济飞速发展，罗湖之名也逐渐被人熟知。很多人第一次听到“罗湖”这个名字，会认为这里有一片湖泊，其实并非如此。“罗湖”之名的由来，还得从一个爱吃鱼的“代言人”说起。

明朝永乐年间有一个贡生叫袁渔隐，此人颇具学识文采，本有希望入仕为官。然而袁渔隐这个人生性洒脱，喜欢游山玩水，还常以自己名中有个“渔”字而自嘲，说自己一辈子的追求就是钓鱼、吃鱼。袁渔隐有一次偶然来到新安县境内，在一处溪流中取水，惊奇地发现溪水中有许多肥美的鳜鱼。袁渔隐本就爱吃鱼，便找来竹枝做了根简易鱼竿垂钓起来。山映斜阳，绿树葱茏，涓涓细流，鱼肉喷香……最终，他决意隐居在此，隐居在这“罗溪”水畔。袁渔隐也算小有才名，隐居一年后略感寂寞，就写信给同窗好友，言罗溪景美和鳜鱼味美。但收到信的人虽深信此处山林优美，却不信一条小溪能有那么多肥美的鳜鱼。袁渔隐无奈之下，写了不少有关罗溪鳜鱼的诗句，其中以“罗溪水长鳜鱼肥，同客观潮坐石矶”最为脍炙人口。后来，“观潮”二字被后人联想，认为既然能观潮，必然不是溪水，罗溪流向之处必有一处湖泊，也就是“罗湖”。自此，罗湖之名兴起。这都要感谢袁渔隐这位罗湖代言人了。

如今，罗湖的水不仅滋养了肥美的鳜鱼，还倒映着深圳蓬勃发展的景象。

天后宫里住的是谁

无论过去还是现在，只要是从事出海活动的深圳人，没有不知道赤湾天后宫的。特别是每年农历三月二十三的妈祖诞辰日，天后宫会举行祭祀盛典，往来之人更是数不胜数。这天后宫里住的是妈祖，但『天后』『妈祖』『圣妃』等名称都是后人对这里供奉的神仙的尊称，妈祖的本名叫林默。

林默出生前，其父林惟悫官至宋都巡检，相当于现在的海关关长，专门负责缉捕沿海一带走私盐、茶等物品的犯法作案者。年过不惑的林惟悫当时虽已有一子四女，仍然心忧一子单薄，于是朝夕焚香，祈求上天再赐一子。人言心诚则灵，不日妻子王氏果真有了身孕。宋建隆元年农历三月二十三日这天，怀胎十月的王氏分娩，左邻右舍看到天空一道红光投入林府，林惟悫高兴地冲进屋，无奈又是一个女儿。直到满月，这个女婴都没有哭过一声，因此得名『林默』。

林默自幼就显示出不凡之处：八岁入私塾，通解文义；十岁礼佛，能伴读诵经；十二岁善与出海之人交谈，可观海潮、测天象风云；十六岁钻研医理，为百姓祛病消灾。唐代女子十五六岁就可出嫁，二十岁还不嫁就有些令人难为情了。然而林默一心不嫁，全部心思都放在研究大海、气象，救治渔民上面。二十六岁时，沿海百姓称她为『通贤灵女』。林默二十八岁这年重阳节，随父兄驾舟北上，入海遇到风暴，林默舍身救父，不幸遇难。时人为纪念林默，在其出生地湄洲岛建庙祭祀，称其『妈祖』，祈求她保佑海船出海平安。之后南方沿海一带纷纷建宫庙祭拜林默，深圳天后宫也是其中之一。

如今，深圳南山下的天后宫香火鼎盛，宫内盘根错节的榕树上挂满了人们写下的种种愿望，对幸福生活的追求也是妈祖文化传承至今的原因之一。

赤湾天后宫鼎盛时计有山门、牌楼、日月池、石桥、钟楼、前殿、正殿、后殿左右偏殿、厢房、客堂、长廊、角亭、碑亭等建筑数十处。

天后宫里住的是谁

无论过去还是现在，只要是从事出海活动的深圳人，没有不知道赤湾天后宫的。特别是每年农历三月二十三的妈祖诞辰日，天后宫会举行祭祀盛典，往来之人更是数不胜数。这天后宫里住的是妈祖，但“天后”“妈祖”“圣妃”等名称都是后人对这里供奉的神仙的尊称，妈祖的本名叫林默。

林默出生前，其父林惟悫官至宋都巡检，相当于现在的海关关长，专门负责缉捕沿海一带走私盐、茶等物品的犯法作案者。年过不惑的林惟悫当时虽已有一子四女，仍然心忧一子单薄，于是朝夕焚香，祈求上天再赐一子。人言心诚则灵，不日妻子王氏果真有了孕。宋建隆元年农历三月二十三日这天，怀胎十月的王氏分娩，左邻右舍看到天空一道红光投入林府，林惟悫高兴地冲进屋，无奈又是一个女儿。直到满月，这个女婴都没有哭过一声，因此得名“林默”。

林默自幼就显示出不凡之处：8岁入私塾，通解文义；10岁礼佛，能伴读诵经；12岁善与出海之人交谈，可观海潮，测天象风云；16岁钻研医理，为百姓祛病消灾。唐代女子十五六岁就可出嫁，20岁还不嫁就有些令人难为情了。然而林默一心不嫁，全部心思都放在研究大海、气象，救治渔民上面。26岁时，沿海百姓称她为“通贤灵女”。林默28岁这年重阳节，随父兄驾舟北上，入海遇到风暴，林默舍身救父，不幸遇难。世人为纪念林默，在其出生地湄洲岛建庙祭祀，称其为“妈祖”，祈求她保佑海船出海平安。之后南方沿海一带纷纷建宫庙祭拜林默，深圳天后宫也是其中之一。

如今，深圳南山下的天后宫香火鼎盛，宫内盘根错节的榕树上挂满了人们写下的种种愿望。对幸福生活的追求也是妈祖文化传承至今的原因之一。

深圳蛇口：后羿的第十支箭

中国特区看深圳，深圳特区看蛇口。深圳南山区南头半岛的东南部有一片区域其形非常像蛇张开的大口，从而得名"蛇口"。由于地理位置优越，无论是海上贸易还是招商建设都独具优势，所以这里成为中国第一个外向型经济开发区，被称为"特区中的特区"。

蛇口形状奇特，自然少不了有趣的传说，最被熟知的当属"后羿的第十支箭"的传说。后羿射日的故事早已家喻户晓，而在深圳当地却有着另一个后续版本。传说远古时天上出现了十个太阳，后羿箭术大成后准备了十支神箭登顶射日。就在后羿已经射下九个太阳，准备射第十箭时，被一位智叟制止劝他留下一个太阳为人民服务。后羿听后也认为人间不能一个太阳都没有，但箭在弦上不得不发，于是后羿将这一箭擦着太阳边射向了天空，好震慑一下唯一留下的太阳，让其好好为人间服务。然而，后羿这一箭毕竟是神箭，直上云霄后射下了天界的一条大蛇，大蛇落入人间不停变大，最终变成了中国弯弯曲曲的海岸线，蛇头落在南海边，而因痛大张的蛇口，正是今天深圳蛇口之地。据当地老人说，深圳正是因为有向天吞吐着天地灵气的蛇口，才成为蓬勃发展的宝地。

当下的蛇口，正在按照"一轴一心三核"的设想建设。它曾是改革开放的一个前哨，即使过去了数十年，从未卸下自己的重任。它过去有着自己的故事，如今依然有着自己的骄傲。

深圳蛇口：后羿的第十支箭

中国特区看深圳，深圳特区看蛇口。

深圳南山区南头半岛的东南部有一片区域，其形非常像蛇张开的大口，从而得名“蛇口”。由于地理位置优越，无论是海上贸易还是招商建设都独具优势，所以这里成为中国第一个外向型经济开发区，被称为“特区中的特区”。蛇口形状奇特，自然少不了有趣的传说，最被熟知的当属“后羿的第十支箭”的传说。

后羿射日的故事早已家喻户晓，而在深圳当地却有一个后续版本。传说远古时天上出现了十个太阳，后羿箭术大成后准备了十支神箭登顶射日。就在后羿已经射下九个太阳、准备射第十箭时，被一位智叟制止，劝他留下一个太阳为人民服务。后羿听后也认为人间不能一个太阳都没有，但箭在弦上不得不发，于是后羿将这一箭擦着太阳边射向了天空，好震慑一下唯一留下的太阳，让其好好为人间服务。然而，后羿这一箭毕竟是神箭，直上云霄后射下了天界的一条大蛇，大蛇落入人间不停变大，最终变成了中国弯弯曲曲的海岸线；蛇头落在南海边，而因痛大张的蛇口，正是今天深圳蛇口之地。据当地老人说，深圳正是因为有向天吞吐着天地灵气的蛇口，才成为蓬勃发展的宝地。

当下的蛇口正在按照“一轴一心三核”的设想建设。它曾是改革开放的一个前哨，即便过去了数十年，也从未卸下自己的重任。它过去有着自己的故事，如今依然有着自己的骄傲。

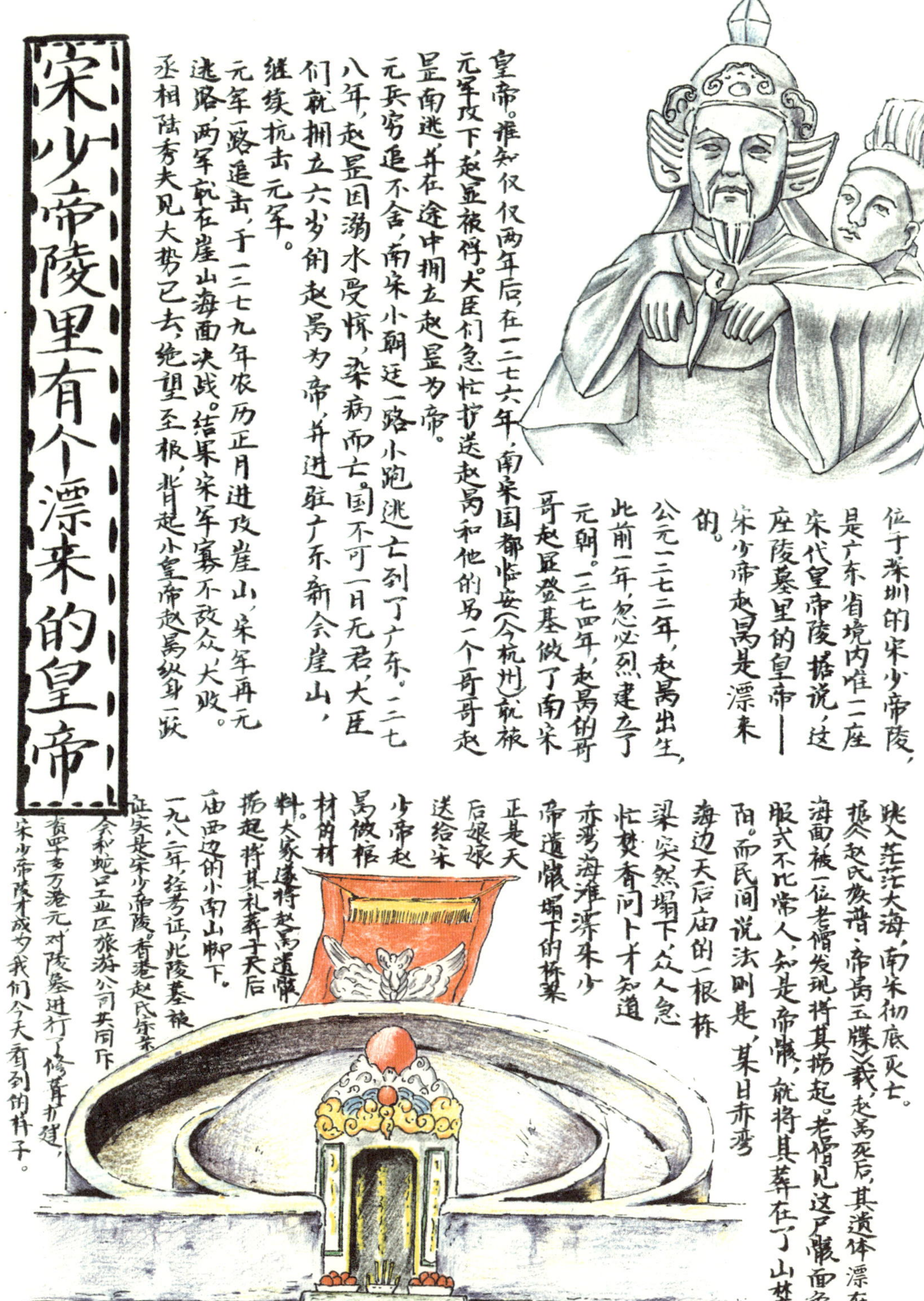

宋少帝陵里有个漂来的皇帝

位于深圳的宋少帝陵，是广东省境内唯一一座宋代皇帝陵。据说，这座陵墓里的皇帝——宋少帝赵昺是漂来的。

公元一二七二年，赵昺出生，此前一年，忽必烈建立了元朝。一二七四年，赵昺的哥哥赵昰登基做了南宋皇帝。谁知仅仅两年后，在一二七六年，南宋国都临安（今杭州）就被元军攻下，赵昰被俘。大臣们急忙护送赵昺和他的另一个哥哥赵昰南逃，并在途中拥立赵昰为帝。

元兵穷追不舍，南宋小朝廷一路小跑逃亡到了广东。一二七八年，赵昰因溺水受惊，染病而亡。国不可一日无君，大臣们就拥立六岁的赵昺为帝，并进驻广东新会崖山，继续抗击元军。

元军一路追击，于一二七九年农历正月进攻崖山，宋军再无逃路，两军就在崖山海面决战。结果宋军寡不敌众，大败。丞相陆秀夫见大势已去，绝望至极，背起小皇帝赵昺纵身一跃跳入茫茫大海，南宋彻底灭亡。

据《赵氏族谱》载，赵昺死后，其遗体漂在赤湾海面被一位老僧发现并将其捞起。老僧见这尸骸面色如生，服式不比常人，知是帝骸，就将其葬在了山林麓之阳。而民间说法则是，某日赤湾海边天后庙的一根栋梁突然塌下，众人急忙焚香问卜才知道赤湾海滩漂来少帝遗骸，塌下的栋梁正是天后娘娘送给宋少帝赵昺做棺材的材料。大家遂将赵昺遗骸捞起将其礼葬于天后庙西边的小南山脚下。

一九八二年，经考证，此陵墓被证实是宋少帝陵。香港赵氏宗亲会和蛇口工业区旅游公司共同斥资四十万港元，对陵墓进行了修葺扩建，宋少帝陵才成为我们今天看到的样子。

宋少帝陵里有个漂来的皇帝

位于深圳的宋少帝陵，是广东省境内唯一一座宋代皇帝陵。据说，这座陵墓里的皇帝——宋少帝赵昺是漂来的。

公元1272年，赵昺出生，此前一年，忽必烈建立了元朝。1274年，赵昺的哥哥赵显登基做了南宋皇帝。谁知仅仅两年后，在1276年，南宋国都临安（今杭州）就被元军攻下，赵显被俘。大臣们急忙护送赵昺和他的另一个哥哥赵昰南逃，并在途中拥立赵昰为帝。

元兵穷追不舍，南宋小朝廷一路小跑逃亡到了广东。1278年，赵昰因溺水受惊，染病而亡。国不可一日无君，大臣们就拥立6岁的赵昺为帝，并进驻广东新会崖山，继续抗击元军。

元军一路追击，于1279年农历正月进攻崖山，宋军再无逃路，两军就在崖山海面决战。结果宋军寡不敌众，大败。丞相陆秀夫见大势已去，绝望至极，背起小皇帝赵昺，纵身一跃，跳入茫茫大海，南宋彻底灭亡。

据《赵氏族谱·帝昺玉牒》载，赵昺死后，其遗体漂在赤湾海面，被一位老僧发现，将其捞起。老僧见这尸骸面色如生，服饰不比常人，知是帝骸，就将其葬在了山麓之阳。而民间说法则是，某日赤湾海边天后庙的一根栋梁突然塌下，众人急忙焚香问卜，才知道赤湾海滩漂来少帝遗骸，塌下的栋梁正是天后娘娘送给宋少帝赵昺做棺材的材料。大家遂将赵昺遗骸捞起，将其礼葬于天后庙西边的小南山脚下。

1982年，经考证，此陵墓被证实是宋少帝陵。香港赵氏宗亲会和蛇口工业区旅游公司共同斥资40多万港元，对陵墓进行了修葺扩建，宋少帝陵才成为我们今天看到的样子。

凤凰山下，文氏后人

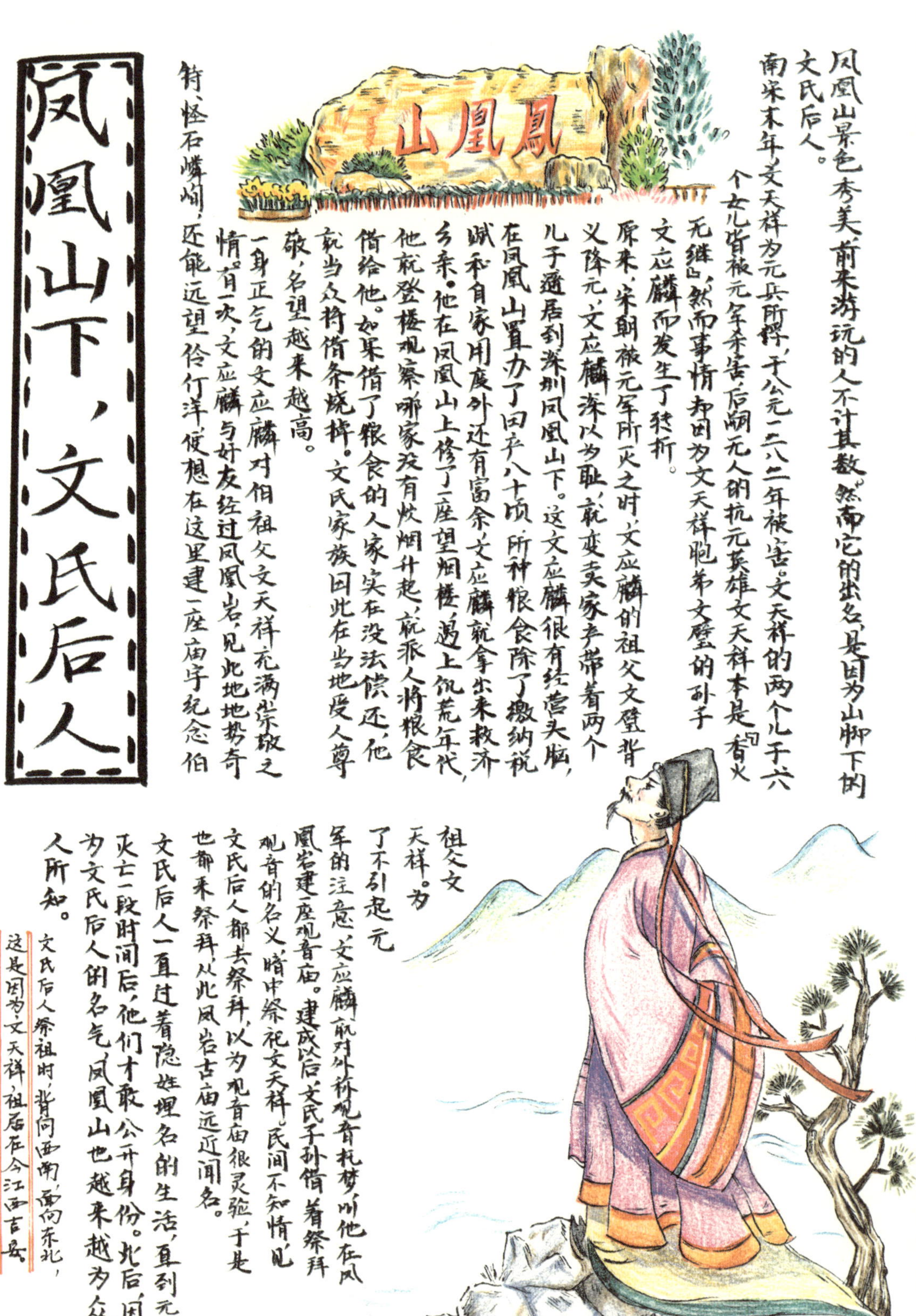

凤凰山景色秀美，前来游玩的人不计其数，然而它的出名，是因为山脚下的文氏后人。

南宋末年，文天祥为元兵所俘，于公元一二八二年被害。文天祥的两个儿子六个女儿皆被元军杀害，后嗣无人的抗元英雄文天祥本是"香火无继"，然而事情却因为文天祥胞弟文璧的孙子文应麟而发生了转折。

原来，宋朝被元军所灭之时，文应麟的祖父文璧背义降元，文应麟深以为耻，就变卖家产带着两个儿子避居到深圳凤凰山下。这文应麟很有经营头脑，在凤凰山置办了田产八十顷，所种粮食除了缴纳税赋和自家用度外还有富余，文应麟就拿出来救济乡亲。他在凤凰山上修了一座望烟楼，遇上饥荒年代，他就登楼观察，哪家没有炊烟升起，就派人将粮食借给他。如果借了粮食的人家实在没法偿还，他就当众将借条烧掉。文氏家族因此在当地受人尊敬，名望越来越高。

一身正气的文应麟对伯祖父文天祥充满崇敬之情。有一次，文应麟与好友经过凤凰岩，见此地地势奇特、怪石嶙峋，还能远望伶仃洋，便想在这里建一座庙宇纪念伯祖父文天祥。为了不引起元军的注意，文应麟就对外称观音托梦，叫他在凤凰岩建一座观音庙。建成以后，文氏子孙借着祭拜观音的名义，暗中祭祀文天祥。民间不知情，见文氏后人都去祭拜，以为观音庙很灵验，于是也都来祭拜，从此凤岩古庙远近闻名。

文氏后人一直过着隐姓埋名的生活，直到元朝灭亡一段时间后，他们才敢公开身份。此后，因为文氏后人的名气，凤凰山也越来越为众人所知。

文氏后人祭祖时，背向西南，面向东北，这是因为文天祥祖居在今江西吉安。

凤凰山下，文氏后人

凤凰山景色秀美，前来游玩的人不计其数。然而它出名还是因为山脚下的文氏后人。

南宋末年，文天祥为元兵所俘，于公元1282年被害。文天祥的两个儿子、六个女儿皆被元军杀害。后嗣无人的抗元英雄文天祥本是“香火无继”，然而事情却因为文天祥胞弟文璧的孙子文应麟而发生了转折。

原来，宋朝被元军所灭之时，文应麟的祖父文璧背义降元，文应麟深以为耻，就变卖家产带着两个儿子避居到深圳凤凰山下。这文应麟很有经营头脑，在凤凰山置办了田产80顷，所种粮食除了缴纳税赋和自家用度外还有富余，文应麟就拿出来救济乡亲。他在凤凰山上修了一座望烟楼，遇上饥荒年代，他就登楼观察，哪家没有炊烟升起，就派人将粮食借给这家人。如果借了粮食的人家实在没法偿还，他就当众将借条烧掉。文氏家族因此在当地受人尊敬，名望越来越高。

一身正气的文应麟对伯祖父文天祥充满崇敬之情。有一次，文应麟与好友经过凤凰岩，见此地地势奇特、怪石嶙峋，还能远望伶仃洋，便想在这里建一座庙宇纪念伯祖父文天祥。为了不引起元军的注意，文应麟就对外称观音托梦，叫他在凤凰岩建一座观音庙。建成以后，文氏子孙借着祭拜观音的名义，暗中祭祀文天祥。民间不知情，见文氏后人都去祭拜，以为观音庙很灵验，于是也都来祭拜，从此凤岩古庙远近闻名。

文氏后人一直过着隐姓埋名的生活，直到元朝灭亡一段时间后，他们才敢公开身份。此后，因为文氏后人的名气，凤凰山也越来越为众人所知。

文应麟推脱不掉的责任

自文天祥过伶仃洋起，文氏一族就与深圳结下了不解之缘。其后人文应麟更是隐居在此，如今深圳宝安区凤凰山上的『凤岩古庙』便是由文应麟主持修建的。但相比之下凤凰山的『麻篮仙印』在整个深圳名气更大，据说是因为这一景点是让文应麟真正明志的地方。

宋末元初，文应麟从惠州来到福永大茅山（今凤凰山）隐居。由于对政局失望，文应麟过上了闲云野鹤般的日子，日常只与好友一起游山玩水、练剑习武，胸中抱负付诸流水。据说，有一天文应麟和好友在凤凰岩游玩，分别时已是傍晚。文应麟在步行回家的路上遇到一处大石台，见到石台上坐着一位白衣妇人正在编麻纺线。文应麟本没有在意，只在擦身而过的时候，随口说了一句『雨顺风调庆有年，喜见四野走炊烟』。文应麟这句话本来是感慨当地老百姓生活还不错，谁知妇人竟接了下句『烟楼只望百里远，更有饥寒逾万千』。文应麟一下子被惊醒，心想山野间妇人岂能有这般眼界，能看到整个中原正在受元朝统治者的摧残？正当文应麟抬头要细观妇人的时候，只见妇人扯出一段麻线随手一扬，麻线立即变成万千麦苗飘向了北方，老妇人也随之消失。文应麟这才反应过来，这妇人定是观音。于是立即跪拜，叩首之后有所顿悟。身为文氏后人不应避世苟安，『先天下之忧而忧』才是自己不可推卸的责任。那个大石台就在如今的凤凰山上，石台上留下了一个麻篮和一行脚印，后人称其为『麻篮仙印』。这里也成为游客络绎不绝参拜的景点。

文应麟简介

文应麟（1307—1378），讳宣，又讳泰，字麟玉，号应麟，另号为奋武。是文天祥胞弟文璧之孙、文隆子之子。

文应麟推脱不掉的责任

自文天祥过伶仃洋起，文氏一族就与深圳结下了不解之缘，其后人文应麟更是隐居在此。如今深圳宝安区凤凰山上的“凤岩古庙”便是由文应麟主持修建的。但相比之下，凤凰山的“麻篮仙印”在整个深圳名气更大，据说是因为这一景点是让文应麟真正明志的地方。

宋末元初，文应麟从惠州来到福永大茅山（今凤凰山）隐居。由于对政局失望，文应麟过上了闲云野鹤般的日子，日常只与好友一起游山玩水，练剑习武，胸中抱负付诸流水。据说，有一天文应麟和好友在凤凰岩游玩，分别时已是傍晚。文应麟在步行回家的路上遇到一处大石台，见到石台上坐着一位白衣妇人，正在编麻纺线。文应麟本没有在意，只在擦身而过的时候，随口说了一句“雨顺风调庆有年，喜见四野走炊烟”。文应麟这句话本来是感慨当地百姓生活还不错，谁知妇人竟接了下句“烟楼只望百里远，更有饥寒逾万千”。文应麟一下子被惊醒，心想山野间妇人岂能有这般眼界，能看到整个中原正在受元朝统治者的摧残？正当文应麟抬头要细观妇人的时候，只见妇人扯出一段麻线随手一扬，麻线立即变成万千麦苗飘向了北方，老妇人也随之消失。文应麟这才反应过来，这妇人定是观音，于是立即跪拜，叩首之后有所顿悟：身为文氏后人不应避世苟安，“先天下之忧而忧”才是自己不可推卸的责任。

那个大石台就在如今的凤凰山上，石台上留下了一个麻篮和一行脚印，后人称其为“麻篮仙印”。这里也成为游客络绎不绝参拜的景点。

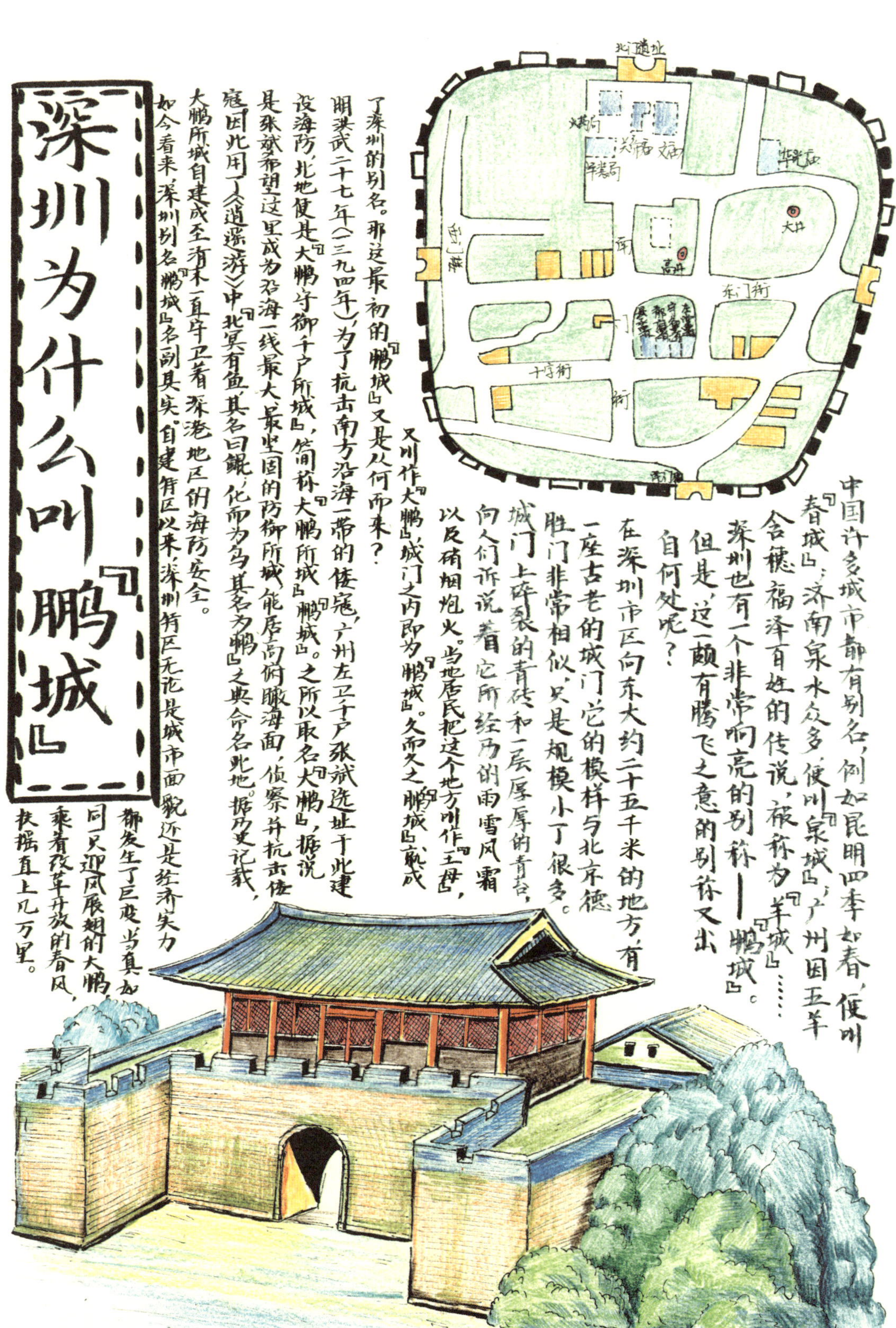

深圳为什么叫『鹏城』

中国许多城市都有别名，例如昆明四季如春，便叫『春城』；济南泉水众多，便叫『泉城』；广州因五羊含穗福泽百姓的传说，被称为『羊城』……深圳也有一个非常响亮的别称——『鹏城』。但是，这一颇有腾飞之意的别称又出自何处呢？

在深圳市区向东大约二十五千米的地方，有一座古老的城门，它的模样与北京德胜门非常相似，只是规模小了很多。城门上碎裂的青砖和一层厚厚的青苔，向人们诉说着它所经历的雨雪风霜以及硝烟炮火。当地居民把这个地方叫作『王母』，又叫作『大鹏』，城门之内即为『鹏城』。久而久之，『鹏城』就成了深圳的别名。那这最初的『鹏城』又是从何而来？

明洪武二十七年（一三九四年），为了抗击南方沿海一带的倭寇，广州左卫千户张斌选址于此建设海防，此地便是『大鹏守御千户所城』，简称『大鹏所城』『鹏城』。之所以取名『大鹏』，据说是张斌希望这里成为沿海一线最大、最坚固的防御所城，能居高俯瞰海面，侦察并抗击倭寇。因此用了《逍遥游》中『北冥有鱼，其名曰鲲，化而为鸟，其名为鹏』之典命名此地。据历史记载，大鹏所城自建成至清末一直守卫着深港地区的海防安全。

如今看来，深圳别名『鹏城』名副其实。自建特区以来，深圳特区无论是城市面貌还是经济实力都发生了巨变，当真如同只迎风展翅的大鹏，乘着改革开放的春风，扶摇直上几万里。

深圳为什么叫“鹏城”

中国许多城市都有别名，例如昆明四季如春，便叫“春城”；济南泉水众多，便叫“泉城”；广州因五羊含穗福泽百姓的传说，被称为“羊城”……深圳也有一个非常响亮的别称——“鹏城”。但是，这一颇有腾飞之意的别称又出自何处呢？

在深圳市区向东大约25千米的地方，有一座古老的城门，它的模样与北京德胜门非常相似，只是规模小了很多。城门上碎裂的青砖和一层厚厚的青苔，向人们诉说着它所经历的雨雪风霜以及硝烟炮火。当地居民把这个地方叫作“王母”，又叫作“大鹏”，城门之内即为“鹏城”。久而久之，“鹏城”就成了深圳的别名。那这最初的“鹏城”又是从何而来？

明洪武二十七年（1394年），为了抗击南方沿海一带的倭寇，广州左卫千户张斌选址于此建设海防，此地便是“大鹏守御千户所城”，简称“大鹏所城”“鹏城”。之所以取名“大鹏”，据说是张斌希望这里成为沿海一线最大、最坚固的防御所城，能居高俯瞰海面，侦察并抗击倭寇，因此用了《逍遥游》中“北冥有鱼，其名曰鲲；化而为鸟，其名为鹏”之典命名此地。据历史记载，大鹏所城自建成至清末一直守卫着深港地区的海防安全。

如今看来，深圳别名“鹏城”名副其实。自建立特区以来，深圳特区无论是城市面貌还是经济实力都发生了巨变，当真如同一只迎风展翅的大鹏，乘着改革开放的春风，扶摇直上几万里。

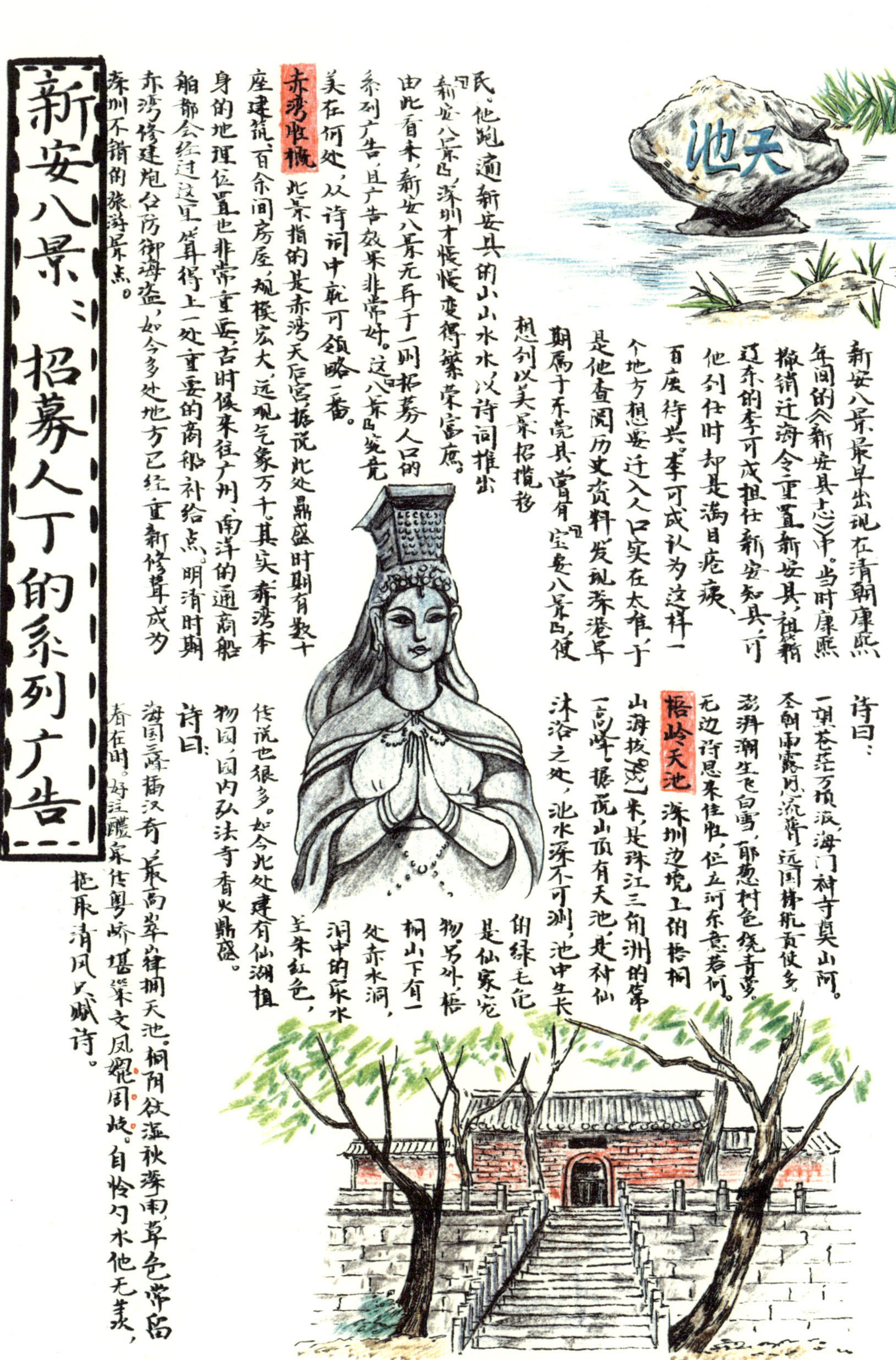
新安八景：招募人丁的系列广告
新安八景最早出现在清朝康熙年间的《新安县志》中。当时康熙撤销迁海令重置新安县，祖籍辽东的李可成担任新安知县，可他到任时却是满目疮痍、百废待兴。李可成认为这样一个地方想要迁入人口实在太难，于是他查阅历史资料发现深港早期属于东莞县，曾有「宝安八景」，便想到以美景招揽移民。他跑遍新安县的山山水水，以诗词推出「新安八景」，深圳才慢慢变得繁荣富庶。由此看来，新安八景无异于一则招募人口的系列广告，且广告效果非常好。这「八景」究竟美在何处，从诗词中就可领略一番。
赤湾胜概
此景指的是赤湾天后宫，据说此处鼎盛时期有数十座建筑，百余间房屋，规模宏大，远观气象万千。其实赤湾本身的地理位置也非常重要，古时候来往广州、南洋的通商船舶都会经过这里，算得上一处重要的商船补给点。明清时期赤湾修建炮台防御海盗，如今多处地方已经重新修葺成为深圳不错的旅游景点。
诗曰：
一望苍茫万顷波，海门神寺奠山阿。
圣朝雨露恩流普，远国梯航贡使多。
澎湃潮生飞白雪，郁葱树色绕青萝。
无边诗思来佳处，伫立河东意若何。
天池
梧岭天池
深圳边境上的梧桐山海拔943米，是珠江三角洲的第一高峰。据说山顶有天池，是神仙沐浴之处，池水深不可测，池中生长的绿毛龟是仙家宠物。另外，梧桐山下有一处赤水洞，洞中的泉水呈朱红色，传说也很多。如今此处建有仙湖植物园，园内弘法寺香火鼎盛。
诗曰：
海国三峰插汉奇，最高峰半拥天池。
桐阴欲湿秋深雨，草色常留春在时。
好注醴泉传粤峤，堪巢文凤览周岐。
自怜勺水他无羡，挹取清风只赋诗。

新安八景：招募人丁的系列广告

新安八景最早出现在清朝康熙年间的《新安县志》中。当时康熙撤销迁海令重置新安县，祖籍辽东的李可成担任新安知县，可他到任时却是满目疮痍、百废待兴。李可成认为这样一个地方想要迁入人口实在太难，于是他查阅历史资料，发现深港早期属于东莞县，曾有"宝安八景"，便想到以美景招揽移民。他跑遍新安县的山山水水，以诗词推出"新安八景"，深圳才慢慢变得繁荣富庶。

由此看来，新安八景无异于一则招募人口的系列广告，且广告效果非常好。这"八景"究竟美在何处，从诗词中就可领略一番。

赤湾胜概

此景指的是赤湾天后宫，据说此处鼎盛时期有数十座建筑、百余间房屋，规模宏大，远观气象万千。其实，赤湾本身的地理位置也非常重要，古时候来往广州、南洋的通商船舶都会经过这里，算得上一处重要的商船补给点。明清时期赤湾修建炮台防御海盗，如今多处地方已经重新修葺，成为深圳不错的旅游景点。诗曰：

一望苍茫万顷波，海门神寺奠山阿。
圣朝雨露恩流普，远国梯航贡使多。
澎湃潮生飞白雪，郁葱树色绕青萝。
无边诗思来佳胜，伫立河东意若何。

梧岭天池

深圳边境上的梧桐山海拔943.7米，是珠江三角洲的第一高峰。据说山顶有天池，是神仙沐浴之处，池水深不可测，池中生长的绿毛龟是仙家宠物。另外，梧桐山下有一处赤水洞，洞中的泉水呈朱红色，传说是溜到凡间的仙女用来洗去脂粉的泉水。总之，梧桐山一带颇具仙气，传说也很多。如今此处建有仙湖植物园，园内弘法寺香火鼎盛。诗曰：

海国三峰插汉奇，最高崒嵂拥天池。
桐阴欲湿秋深雨，草色常留春在时。
好注醴泉传粤峤，堪巢文凤媲周岐。
自怜勺水他无羡，挹取清风只赋诗。

杯渡禅宗

此景要从如今香港新界的屯门青山说起，这座山原名羊坑山，也叫杯渡山。刘宋元嘉五年，杯渡禅师曾戏在屯门山休憩打坐，但禅师的佛堂远在灵渡山，故而禅师常以木杯渡海，往来于两山之间，杯渡山之名由此而来。杯渡山是古代新安县的最高峰，韩愈、蒋之奇等人都曾作诗赞颂。

诗曰：

海上禅宗渡远山，挥将革衲泛杯涧。
泉依入定声俱寂，云绕参微影亦闲。
卓锡岩阿人杳杳，悬针树杪印斑斑。
登临若解西来意，何事深居学闭关。

参山乔木

深圳沙井云林新村附近的参里山中有无数松柏乔木。据传山中的云溪寺始建于南宋年间，寺中曾有一位苦行僧自称是乔木转生。所以他的修行就是每日在山中散步巡视，告诫人们不要伤害山中乔木。日复一日，僧人风雨无阻，最终圆寂，化作了山中一棵松树。据传只要僧人所化松树不倒，山中乔木便不枯。

诗曰：

山高此却藉人传，门内参修勤简篇。
屹屹由来防斧手，萋萋端的颂名贤。
萧疏林木垂前代，寂历云边慕昔年。
欲祈流风过故里，不禁凭轼寄凡烟。

卢山桃李

卢山位于现在的东莞市常平镇至黄江镇一带，山下桃村，李村虽然不多，但结的果子格外香甜，据说是因为山上的桃李是仙人所种。某次一位农夫上山迷路，偶遇仙人指点以桃李果腹，最终找到小径回家。农夫回家后告知乡亲自己的经历，尤其念念不忘山上香甜的桃李。后来村中两个贪婪的人听到此事，到上山摘桃李想要带回村子，但拿着果子准回时就迷路了。直到这两个走累了，将怀中桃李吃完，才找到回家的路。康熙《新安县志》记载：『山中桃李数株，入山，食之则可，怀之则迷路。』

诗曰：

宫墙嘉植接蓬莱，秾艳繁华次第开。
雅宴有诗申倡和，芳蹊无语亦徘徊。
穿林叶向春明发，绕径香从烟雨来。
放眼桑麻村社后，声声布谷鸟频催。

杯渡禅宗

此景要从如今香港新界的屯门青山说起。这座山原名羊坑山，也叫杯渡山。刘宋元嘉五年，杯渡禅师喜欢在屯门山休憩打坐，但禅师的佛堂远在灵渡山，故而禅师常以木杯渡海，往来于两山之间，杯渡山之名由此而来。杯渡山是古代新安县的最高峰，韩愈、蒋之奇等人都曾作诗赞颂。诗曰：

海上禅宗渡远山，掷将苇荻泛杯间。
泉依入定声俱寂，云绕参微影亦闲。
卓锡岩阿人杳杳，悬钟树杪印班班。
登临若解西来意，何事深居学闭关。

参山乔木

深圳沙井云林新村附近的参里山中有无数松柏乔木。据传山中的云溪寺始建于南宋年间，寺中曾有一位苦行僧自称是乔木转生。所以他的修行就是每日在山中散步巡视，告诫人们不要伤害山中乔木。日复一日，僧人风雨无阻，最终圆寂，化作了山中一棵松树。据传只要僧人所化松树不倒，山中乔木便不枯。诗曰：

山高此却藉人传，门内夸修勒简篇。
岵屺由来陟孝子，蓼莪端的颂名贤。
萧疏林木垂前代，寂历云边慕昔年。
欲沂流风过故里，不禁凭轼寄凡烟。

卢山桃李

卢山位于现在的东莞市常平镇至黄江镇一带，山上桃树、李树虽然不多，但结的果子格外香甜，据说是因为山上的桃李是仙人所种。某次一位农夫上山迷路，偶遇仙人指点以桃李果腹，最终找到小径回家。农夫回家后告知乡亲自己的经历，尤其念念不忘山上香甜的桃李。后来村中两个贪婪的人听说此事，到山上摘桃李想要带回村子，但拿着果子返回时就迷路了。直到这两人走累了，将怀中桃李吃完，才找到回家的路。康熙《新安县志》记载：“山中桃李数株，入山，啖之则可，怀之则迷路。”诗曰：

宫墙嘉植接蓬莱，秾艳繁华次第开。
雅宴有诗申倡和，芳蹊无语亦徘徊。
穿林叶向春明发，绕径香从烟雨来。
放眼桑麻村社后，声声布谷鸟频催。

玉勒汤湖

玉勒是“玉律”的古称，汤湖则是“汤泉”的古语。早前，居住在附近的村民发现温泉，而且用温泉洗浴有消除疲劳、治愈皮肤病等功效，便奔走相告。直到明代弘治年间，曾应富来到这

玉勒汤湖

玉勒是"玉律"的古称，汤湖则是"汤泉"的古语。早前，居住在附近的村民发现温泉，而且用温泉洗浴有消除疲劳，治愈皮肤病等功效，便奔走相告。直到明代弘治年间，当地富来到这里被温泉所吸引，于是开始建造房舍聚集百姓为村，后称"玉学麒麟"，律甚至上山竖"玉律"。自此之后，玉勒村的温泉便名扬新安、宝安一带，无数人慕名而来。

诗曰：

泉沸山椒出大津，烟腾雾绕石粼粼。探幽何处无壁壑，解愠还须问水滨。宛向浴沂温似玉，恍来修禊暖于春。愿将英涤尘氛去，时捧汤盘诵日新。

鳌洋甘瀑

据说古时候有一只巨鳌在此渡劫，因没有熬过九雷劫，最终化身成一鳌形岛屿。原本在巨鳌口处常年有甘泉瀑布，但后来因为上游建设了村落，水源被堵塞，只有连日暴雨才能看到百丈甘瀑。因为此处是海上甘泉，很多往来船只在此取水，人云水质甘甜可口。

诗曰：

六鳌浪说大洋中，片石巍然峙碧空。潮汛翻翻浮玉乳，泉飞滴沥散清风。春门每向花烟雾，夏雨忽去网蝃蝀。天柱知旋留泽国，扁舟轻泛问蛟宫。

龙穴楼台

龙穴洲是一座孤岛，与深圳沙井隔海相望。传说龙穴岛正南方有多个深邃的洞穴，是南海龙王的龙宫入口。康熙《新安县志》记载，每年正月，常可以看见海市蜃楼，幻象中楼宇宫殿、车马清晰可辨，人言是南海龙王正月下凡过节。由此，"龙穴楼台"成为深圳自古以来最神秘的景观之一。

诗曰：

海不扬波三十年，蜃龙吐气幻云烟。楼台景色能千态，市上纷嚣别一天。蛟室由来颇郦郄，瀛洲无计觅留仙。他时道拟探龙穴，好向乘槎学汉骞。

深圳地处江滨，山水相映、海城相依，魅力独特的风光不在少数。"新安八景"作为古时新安县的招牌美景，吸引了民众迁移至此建设这片土地，可谓功不可没。也许，正是这一功劳使得新安八景脱颖而出，名贯古今。

里，被温泉所吸引，于是开始建造房舍聚集百姓为村，后按“玉学麒麟，律法至上”取名“玉律”。自此之后，玉勒村的温泉便名扬新安、宝安一带，无数人慕名而来。诗曰：

泉沸山椒出大津，烟腾雾绕石粼粼。
探幽何处无壁壑，解愠还须问水滨。
宛向浴沂温似玉，恍来修禊暖于春。
愿将共涤尘氛去，时捧汤盘诵日新。

鳌洋甘瀑

据说，古时候有一只巨鳌在此渡劫，因没有熬过九转雷劫，最终化身成一鳌形岛屿。原本在巨鳌口处常年有甘泉瀑布，但后来因为上游建设了村落，水源被堵塞，只有连日暴雨才能看到百尺甘瀑。因为此处是海上甘泉，很多往来船只在此取水，人云水质甘甜可口。诗曰：

六鳌浪说大洋中，片石巍然峙碧空。
潮汛翩翻浮玉乳，泉飞滴沥散清风。
春门每向笼烟雾，夏雨总去网蝃蝀。
天柱却疑留泽国，扁舟轻泛问蛟宫。

龙穴楼台

龙穴洲是一座孤岛，与深圳沙井隔海相望。传说龙穴岛正南方有多个深邃的洞穴，是南海龙王的龙宫入口。康熙《新安县志》记载，每年正月，常可以看见岛上的海市蜃楼，幻象中楼宇、宫殿、车马清晰可辨，人言是南海龙王正月下凡过节。由此，“龙穴楼台”成为深圳自古以来最神秘的景观之一。诗曰：

海不扬波三十年，蜃龙吐气幻云烟。
楼头景色能千态，市上纷罥别一天。
蛟室由来频献瑞，瀛洲无计克留仙。
他时还拟探龙穴，好向乘槎学汉骞。

深圳地处江滨，山水相映、海城相依，魅力独特的风光不在少数。“新安八景”作为古时新安县的招牌美景，吸引了民众迁移至此建设这片土地，可谓功不可没。也许，正是这一功劳使得“新安八景”脱颖而出，名贯古今。

深圳『四大古墟』的曾经沧海

古时候『日中为市』，即当太阳升到头顶的时候，人们就会聚在同一个场地彼此互通有无、买卖货物，这样的场地简称『市场』。久而久之，大家选择在固定的日期开市，这种交易活动形式在北方叫作『集市』，南方称为『墟市』。深圳旧时有四处这样的墟市繁华热闹且历史悠久，被当地人誉为『四大古墟』。可沧海桑田、『雨打风吹去』之后，『四大古墟』又把什么样的故事留给了当代的深圳呢？

深圳移民始于沙井古墟

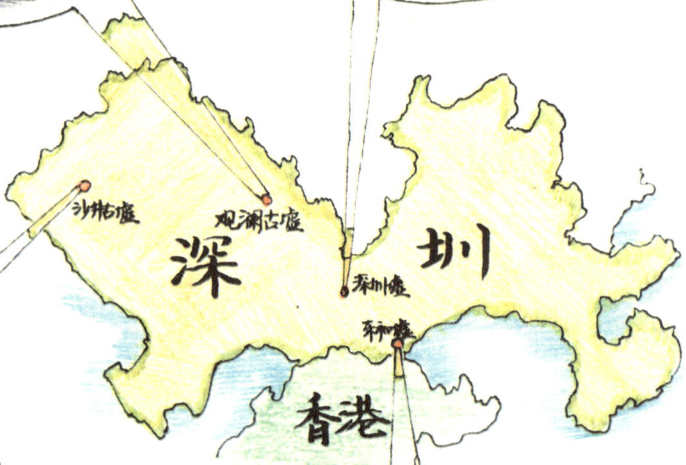

沙井古墟的历史可以追溯到西晋时代，当时『南粤孝子』黄舒迁居至此，在随后的一千多年里，他的孝道被当地人广为传颂和推崇。经过北宋、南宋以及明、清等几次朝代更迭，百姓纷纷从中原移居沙井。北宋时期，沙井古墟达到第一次繁盛高峰。原本百姓以农耕为主，而朝廷在此设立了四大盐场之一的『归德盐场』之后，私盐泛滥并直接推动了沙井古墟的形成和发展。为了适应

深圳“四大古墟”的曾经沧海

古时候“日中为市”，即当太阳升到头顶的时候，人们就会聚在同一个场地彼此互通有无、买卖货物，这样的场地简称“市场”。久而久之，大家选择在固定的日期开市。这种交易活动形式在北方叫作“集市”，南方称为“墟市”。深圳旧时有四处这样的墟市，繁华热闹且历史悠久，被当地人誉为“四大古墟”。可沧海桑田、“雨打风吹去”之后，四大古墟又把什么样的故事留给了当代的深圳呢？

深圳移民始于沙井古墟

沙井古墟的历史可以追溯到西晋时代，当时“南粤孝子”黄舒迁居至此，在随后的1000多年里，他的孝道被当地人广为传颂和推崇。经过北宋、南宋以及明、清等几次朝代更迭，百姓纷纷从中原移居沙井。北宋时期，沙井古墟达到第一次繁盛高峰。原本百姓以农耕为主，而朝廷在此设立了四大盐场之一的“归德盐场”之后，私盐泛滥并直接推动了沙井古墟的形成和发展。为了适应盐田的生产方式，原本分散的十多个村落聚集在了沙井古墟四周，人口的增加扩大了墟市的市场空间。很难想象，千百年前，在深圳大部分地区还是山林草舍之时，沙井古墟却是一片人山人海的繁华景象。时过境迁，如今的沙井古墟繁华散尽，归于沉寂，令人“怀古心悠哉”。

老东门乃是深圳墟东门

深圳人没有不知道“老东门”的，然而很少人知道老东门乃是深圳四大古墟之一“深圳墟”的东门。

深圳墟的历史要从明朝中期算起，那时候这里叫“深圳旧墟”，民国的时候扩展为“深圳新墟”。1949年以前，深圳墟有东、南、西、北四个门：东门在解放路与东门中路交会处；西门大致在解放路和广深铁路交会处；南门位于深南大道；北门位于深圳中学以南。日中开市，门则打开；夜晚闭市，门则关闭。整个深圳墟各处繁华程度不等，尤

盐田的生产方式，原本分散的十多个村落聚集在了沙井古墟四周，人口的增加扩大了墟市的市场空间。很难想象，千百年前，在深圳大部分地区还是山林草舍之时，沙井古墟却是一片人山人海的繁华景象。时过境迁，如今的沙井古墟繁华散尽，归于沉寂，令人『怀古心悠哉』。

老东门乃是深圳墟东门

深圳人没有不知道『老东门』的，然而很少人知道老东门乃是深圳『四大古墟之一』深圳墟』的东门。

深圳墟的历史要从明朝中期算起，那时候这里叫『深圳旧墟』，民国的时候，扩展为深圳新墟』。一九四九年前，深圳墟有东、南、西、北四个门：东门在解放路与东门中路交会处，西门大致在解放路和广深铁路交会处，南门位于深南大道，北门位于深圳中学以南。日中开市，门则打开，夜晚闭市，门则关闭。整个深圳墟各处繁华程度不等，尤以东门繁华为甚。旧时人说『西住北荒南小铺，且到东门买一路』，『东门』之名便是由此而来。老东门曾有多旺？一九九九年国庆节，这里人流量高达九十七万人次，繁华程度可想而知。

观澜古墟，深圳近代民俗历史第一街

深圳历史上『四大古墟』之一的观澜古墟，是唯一存留至今的墟市，这里最繁盛的时候被称为『小香港』，而深圳土著更习惯叫它『老街』。

观澜古墟始于明末清初，兴盛于清末民初。观澜古墟区域功能明确，观澜大街之上多是文化用品店铺，书店、照相馆等都聚集在此；卖布街顾名思义是坊织品一条街，中式的『裕生制衣』、西式的『华盛顿布店』都是这里的老字号；龙岗顶是美食专区，其中的乌江饭店要提前三天订位子才能享用一席；东门街有着名的成昌炮楼；西门街专卖杂货……总之，整个观澜古墟各个区域功能定位明确，为游客游览购物省下不少时间。

中英街的曾用名『东和墟』

清道光年间，为了解决深圳东部百姓『趁墟』（即逛街）不便，一位潘姓乡绅庠夫在沙头角开辟墟市。随后经过几番商榷，墟市的位置定于横头街，逢农历初一、初四、初七为墟日，墟市名字定为『东和平市场』，简称『东和』。一时间，东和墟成为深圳东部最繁华的地方。

据说勘界的时候，最早将东和墟划到了英国租界。然而，乡民不愿离开和自己生活密切相关的墟市，半夜偷偷将勘界小旗拔出来，插在干涸的河道上。勘界的中方代表称是神灵的旨意，英方则在计算面积后感觉差别不大，双方便默认了这一界线。时光流逝，东和墟成为现在的中英街，只有这里的老人还会时不时提起它的曾用名。

曾经的深圳四大古墟，人们各取所需、熙熙而来，大包小包、攘攘而去，一派繁盛。对老人而言，这些古墟有着他们难忘的回忆；对年轻人而言，这些时过境迁的古墟，只是一段历史罢了。

以东门为甚。旧时人说“西住北荒南小铺，且到东门买一路”，“东门”之名便是由此而来。老东门曾有多旺？1999年国庆节，这里人流量高达97万人次，繁华程度可想而知。

观澜古墟：深圳近代民俗历史第一街

深圳历史上“四大古墟”之一的观澜古墟是唯一存留至今的墟市，这里最繁盛的时候被称为“小香港”，而深圳土著更习惯叫它“老街”。

观澜古墟始于明末清初，兴盛于清末民初。观澜古墟区域功能明确：观澜大街之上多是文化用品店铺，书店、照相馆等都聚集在此；卖布街顾名思义是纺织品一条街，中式的“满生制衣”、西式的“华盛顿布店”都是这里的老字号；龙岗顶是美食专区，其中的乌江饭店要提前三天订位子才能享用一席；东门街有著名的成昌炮楼；西门街专卖杂货……总之，整个观澜古墟各个区域，功能定位明确，为游客游览、购物省下不少时间。

中英街的曾用名“东和墟”

清道光年间，为了解决深圳东部百姓“趁墟”（方言，即逛街）不便，一位潘姓乡绅牵头在沙头角开辟墟市。随后经过几番商榷，墟市的位置定于横头街，逢农历初一、初四、初七为墟日，墟市名字定为“东方和平市场”，简称“东和”。一时间，东和墟成为深圳东部最繁华的地方。

据说勘界的时候，最早将东和墟划到了英国租界。然而，乡民不愿离开和自己生活密切相关的墟市，半夜偷偷将勘界小旗拔出来，插在干涸的河道上。勘界的中方代表称是神灵的旨意，英方则在计算面积后感觉差别不大，双方便默认了这一界线。时光流逝，东和墟成为现在的中英街，只有这里的老人还会时不时提起它的曾用名。

曾经的深圳四大古墟，人们各取所需，熙熙而来；大包小包，攘攘而去，一派繁盛。对老人而言，这些古墟有着他们难忘的回忆；对年轻人而言，这些时过境迁的古墟，只是一段历史罢了。

从兴盛到衰落的碉楼
碉楼，以粤西开平的最有名。作为古代民间的防御工事，碉楼遍布在山高皇帝远、匪患严重的岭南，而深圳碉楼的数量仅次于开平。
在冷兵器时代，军事防御系统十分重要，比如伟大的军事性防御工程——长城就是为了防御外敌入侵所建。深圳一直是盐业生产重地和海防前线，防御系统自是不可少，所以在清代，不少富裕家庭为了保护财产，就修起了碉楼。
深圳的碉楼一般都是长方体，大多是三至六层，最高达九层，便于瞭望观察。碉楼上没有窗，四面只有射击孔兼瞭望孔，攻守兼备。并且，碉楼里还可以储藏一些生活必需品，遇上战事就可以躲在里面生活一阵子。
碉楼易守难攻，对土匪很有威慑力，能够守卫一方百姓的安全。但到了热兵器时代碉楼就不行了。日本侵略者占领深圳期间，龙岗一座客家围屋的碉楼就曾被日军炮火击中。到了和平时期，碉楼并没有因此消失，后来还新增了一个作用——象征身份。民国初年，深圳有大量华侨衣锦还乡，为了显示身份，他们就在家乡建碉楼，大家互相攀比，碉楼越建越高也越建越豪华、精致，此时的碉楼已经与以前的碉楼大不一样了。
如今，碉楼防御外敌、象征身份的作用都不存在了，很多碉楼都被废弃，有些碉楼还被拆除。但是，“建筑是凝固的艺术”，碉楼有很高的艺术价值和历史价值，应该被保护起来。

从兴盛到衰落的碉楼

碉楼，以粤西开平的最有名。作为古代民间的防御工事，碉楼遍布在山高皇帝远、匪患严重的岭南，而深圳碉楼的数量仅次于开平。

在冷兵器时代，军事防御系统十分重要，比如伟大的军事性防御工程——长城就是为了防御外敌入侵所建。深圳一直是盐业生产重地和海防前线，防御系统自是不可少，所以在清代，不少富裕家庭为了保护财产就修起了碉楼。

深圳的碉楼一般都是长方体，大多是3至6层，最高达9层，便于瞭望观察；碉楼上没有窗，四面只有射击孔兼瞭望孔，攻守兼备。并且，碉楼里还可以储藏一些生活必需品，遇上战事就可以躲在里面生活一阵子。

碉楼易守难攻，对土匪很有威慑力，能够守卫一方百姓的安全。但到了热兵器时代，碉楼就不行了。日本侵略者占领深圳期间，龙岗一座客家围屋的碉楼就曾被日军炮火击中。到了和平时期，碉楼的防御作用更是大大减弱，甚至有人将碉楼改造成了住宅、商铺。但是，碉楼并没有因此消失，后来还新增了一个作用——象征身份。民国初年，深圳有大量华侨衣锦还乡，为了显示身份，他们就在家乡建碉楼。大家互相攀比，碉楼越建越高，也越建越豪华、精致，此时的碉楼已经与以前的碉楼大不一样了。

如今，碉楼防御外敌、象征身份的作用都不存在了，很多碉楼都被废弃，有些碉楼还被拆除。但是“建筑是凝固的艺术”，碉楼有很高的艺术价值和历史价值，应该被保护起来。

深圳宝安区的清湖至今已有七百多年的历史，据说无论是暴雨连连还是大旱之年，湖水都不增不减且清澈见底，故名清湖。清湖边有座三界庙，香火鼎盛，每年春节举办戏曲庙会的传统也延续了几百年。

清湖人多姓廖。明朝中期，有一人名叫廖继祖，他文武兼备，入仕后官拜兵部尚书。告老还乡之后，廖继祖与罗浮山高士——三界道人结为好友，据传三界道人是仙界三生石转世，能通三界，知晓三生三世。廖继祖与三界道人一见如故，常结伴游山玩水。某日两人在惠州西湖游玩，三界道人盯着一位身怀六甲的少妇，突然面色凝重地说道：『此乃我来生之母，恐我明日即要西去。』廖继祖本就是聪慧之人，看出三界心中苦涩，于是邀请他回清湖，陪伴三界走完羽化前的最后一段时光。二人对坐品茶到深夜，三界沐浴更衣后拿起笔写了一首诗：

半百年来体性空，
怡情山水乐心胸。
今朝惜别故人去，
火焚尸骨谢情隆。
立地为神护清湖，
赐福清湖报廖公。

最后一字写完，三界闭上了双眼。廖继祖含泪将三界遗体火化，并为其塑金身，建三界庙。历史记载，三界庙前的春节戏曲庙会从明清起，延续几百年，一直到『破四旧』时才被迫停止，如今又渐有恢复之势。到深圳一行，饮一杯清湖茶水，在三界庙里上一炷香，已慢慢变成游人的上佳选择。

三界庙记载

据资料显示，如今看到的是清代晚期重修的建筑，时间约清道光十二年（1832年）。过去每年正月十五那天，村民都要在庙前举办庙会，观看木偶戏演出。

三界道人留下的承诺

深圳宝安区的清湖至今已有700多年的历史，据说无论是暴雨连连还是大旱之年，湖水都不增不减且清澈见底，故名清湖。清湖边有座三界庙，香火鼎盛，每年春节举办戏曲庙会的传统也延续了几百年。

清湖人多姓廖。明朝中期，有一人名叫廖继祖，他文武兼备，入仕后官拜兵部尚书。告老还乡之后，廖继祖与罗浮山高士——三界道人结为好友。据传三界道人是仙界三生石转世，能通三界，知晓三生三世。廖继祖与三界道人一见如故，常结伴游山玩水。某日，两人在惠州西湖游玩，三界道人盯着一位身怀六甲的少妇，突然面色凝重地说道："此乃我来生之母，恐我明日即要西去。"廖继祖本就是聪慧之人，看出三界心中苦涩，于是邀请他回清湖，陪伴三界走完羽化前的最后一段时光。二人对坐品茶到深夜，三界沐浴更衣后拿起笔写了一首诗：

半百年来体性空，怡情山水乐心胸。
今朝惜别故人去，火焚尸骨谢情隆。
立地为神护清湖，赐福清湖报廖公。

最后一字写完，三界闭上了双眼。廖继祖含泪将三界遗体火化，并为其塑金身，建三界庙。

历史记载，三界庙前的春节戏曲庙会从明朝起，延续几百年，一直到"破四旧"时才被迫停止，如今又渐有恢复之势。到深圳一行，饮一杯清湖茶水，在三界庙里上一炷香，已慢慢变成游人的上佳选择。

小贴士

三界庙戏曲庙会出处

相传有一年临近春节，三界爷化身成一个绅士，到广州城请戏班来清湖演戏。三界爷交上三晚酬金，双方立下字据，以大年初三至初五为期，连演三天。戏班班主依约于大年初三午时来到清湖，却未见人前来接洽，也不见有人来帮忙抬戏箱，四周张望，更是不见戏台，便找族长询问原因。族长也一头雾水，便召集村民查问是谁请来戏班，但谁都不知道。全村人人感到莫名其妙。正在这时，有一位在三界庙烧香的妇女拿着一张字条匆匆走来，说是取自三界庙神台之上。族长一看字条，正是约请戏班的字据，才明白是三界爷显灵。于是，全村出动搭建起戏台。当晚，男女老少同看新年戏班演戏，热闹非常。从此之后，清湖年年春节都在三界庙前搭戏台，一直延续了几百年。

大万世居：一个草根的发迹地

大万世居是典型的客家围屋建筑，整座围屋呈“宝斗”形，遵循“八阁走马楼、九厅十八井”的格局，有前后三堂落，左右两护厝，就规格来说是客家围屋的佼佼者。但大万世居不是南北向格局，而是坐东面西，特立独行，这可能与它的建造者曾传周有关。

传说，一七六三年，当曾传周决定在此立祠和建筑世居时，请来风水先生对这片土地作风水鉴定，风水先生认为这是一块风水宝地，因为它东有沙墩陂水流汩汩，南有青龙白虎山；前面是一望无际的平原，土地肥沃，正是开垦良田、勤劳致富的宝地。

有传曾传周是孔子弟子曾参的第七十代孙，他年轻时虽然是个穷小子，但相当上进，理想是在坪山的三洋湖建大屋。为了实现这个理想，曾传周除了农忙种地，闲时帮别人放牧鸭鹅，还向别人学习推“鸡公车”（独轮车），到当地开设的石灰窑替人运石灰。于是，勤劳上进的曾传周的腰包也渐渐鼓了起来。可惜，学好三年，学坏三天，后来曾传周被亲戚带上了赌桌，辛苦积攒数年的钱财没多久就输个精光，建大屋的理想也成了泡影，妻子蒋氏终日以泪洗面。之后，曾传周厚着脸皮去向亲戚借钱也无人理睬他。悔恨之下，曾传周回到家里，拿起菜刀砍断了右手的拇指，立志从此戒赌。曾传周又开始了种地、放牧、推独轮车的生活，这回他用辛苦攒下的钱开了一家“金昌”榨油厂，十几年辛苦经营，最终生意发达，攒够了建大屋的钱。曾传周五十八时，大屋拔地而起，所费甚巨，光是大墙就用掉了近五千立方米的泥沙灰石。之所以取名“大万世居”，是因为“大万”即指货财富、累世传承。

大万世居不仅是研究客家文化最好的去处，还是一个创下亿万财富草根的发迹地，参观此地的年轻人定当有所触动。

大万世居：一个草根的发迹地

大万世居是典型的客家围屋建筑，整座围屋呈“宝斗”形，遵循“八阁走马楼、九厅十八井”的格局，有“前后三坐落，左右两护厝”，就规格来说是客家围屋的佼佼者。但大万世居不是南北向格局，而是坐东面西，特立独行，这可能与它的建造者曾传周有关。

传说，1763年，当曾传周决定在此立祠和建筑世居时，请来风水先生对这片土地作风水鉴定。风水先生认为这是一块风水宝地，因为它东有沙墩陂，水流汩汩；南有青龙白虎山；前面是一望无际的平原，土地肥沃，正是开垦良田、勤劳致富的宝地。

有传曾传周是孔子弟子曾参的第七十代孙，他年轻时虽然是个穷小子，但相当上进，理想是在坪山的三洋湖建大屋。为了实现这个理想，曾传周除了农忙种地，闲时帮别人放牧鸭鹅，还向别人学习推“鹅呃车”（独轮车），到当地开设的石灰窑替人运石灰。于是，勤劳上进的曾传周的腰包也渐渐鼓了起来。可惜，学好三年，学坏三天，后来曾传周被亲戚带上了赌桌，辛苦积攒数年的钱财没多久就输个精光，建大屋的理想也成了泡影，妻子傅氏终日以泪洗面。之后，曾传周厚着脸皮去向亲戚借钱，也无人理睬他。悔恨之下，曾传周回到家里，拿起菜刀砍断了右手的拇指，立志从此戒赌。

曾传周又开始了种地、放牧、推独轮车的生活，这回他用辛苦攒下的钱开了一家“金昌”榨油厂，十几年辛苦经营，最终生意发达，攒够了建大屋的钱。曾传周58岁时，大屋拔地而起，所费甚巨，光是大墙就用掉了近5000立方米的泥沙灰石。之所以取名“大万世居”，是因为“大万”即指亿万财富、累世传承。

大万世居不仅是研究客家文化的最好去处，还是一个创下亿万财富草根的发迹地，参观此地的年轻人定当有所触动。

深南大道那些事

深南大道是深圳的一条传奇大道，它的历史与深圳特区的历史一样长，见证了改革开放过程中蝶变的深圳。这条大道随着深圳城市的快速发展不断发生着改变，是中国最宽的城市主干道之一，亦是深圳快速崛起的标志。

一九八〇年以前，从蔡屋围到上海宾馆的一段两千一百米长、七米宽的土路是深南大道的前身。这段路是由来自陆丰的六百名农民喊着号子用锄头、铁锹一寸寸修筑的，它没有动工日期，也没有命名档案，直到一九九三年才全线贯通。由于它连通的是深圳到南头，久而久之便叫"深南大道"了。

深南大道的东段和西段不一样宽，以电子大厦为分界点，东段略窄，西段很宽。关于深南大道的东西分界还有段故事。

一九八一年一月，在深南大道旁边，二十层高的电子大厦动工，这是深圳建起的第一座高层建筑，在当时引起了很多人的关注。当时深圳市政府正讨论将深南大道建成五十米或六十米宽，这时电子大厦动工了，毫不客气地扎在大道五十米宽的位置上。对比一百三十米宽的深南大道西段，后来很多人认为是电子大厦挡住了深南大道的路，造成东段马路的狭窄。不过也有观点认为，东段虽窄，但却最适合成为商业聚集区，形成了人民南、蔡屋围、华强北等深圳最有人气的商业区；而深南大道西段虽然宽阔，却只适合走车，不适合人行。

无论深南大道的建设过程有过多少坎坷，亲眼见过深南大道历史演变的人都对这条路有着特殊的感情。有人为它写歌，歌名就叫《深南大道》；有人为它写诗——"深南大道，和你的往事平分秋色。至少我是被你看大的新娘，向你走来，用那把打着鼾声的古琴"。

深南大道沿途景点：世界之窗、欢乐谷、华侨城、锦绣中华、香蜜湖水上乐园、华强北商圈、邓小平像。

深南大道那些事

深南大道是深圳的一条传奇大道，它的历史与深圳特区的历史一样长，见证了改革开放过程中嬗变的深圳。这条大道随着深圳城市的快速发展不断发生着改变，是中国最宽的城市主干道之一，亦是深圳快速崛起的标志。

1980年以前，从蔡屋围到上海宾馆一段2100米长、7米宽的土路是深南大道的前身。这段路是由来自陆丰的600名农民喊着号子，用锄头、铁锹一寸寸修筑的，它没有动工日期，也没有命名档案，直到1993年才全线贯通。由于它连通的是深圳到南头，久而久之便叫“深南大道”了。

深南大道的东段和西段不一样宽，以电子大厦为分界点，东段略窄，西段很宽。关于深南大道的东西分界还有段故事。

1981年1月，在深南大道旁边，20层高的电子大厦动工，这是深圳建起的第一座高层建筑，在当时引起了很多人的关注。当时深圳市政府正讨论将深南大道建成50米或60米宽，这时电子大厦动工了，毫不客气地扎在大道50米宽的位置上。对比130米宽的深南大道西段，很多人认为是电子大厦挡住了深南大道的路，造成东段马路的狭窄。不过也有观点认为，东段虽窄，却最适合成为商业聚集区，形成了人民南、蔡屋围、华强北等深圳最有人气的商业区；而深南大道西段虽然宽阔，却只适合走车，不适合人行。

无论深南大道的建设过程有过多少坎坷，见证深南大道历史演变的人都对这条路有着特殊的感情。有人为它写歌，歌名就叫《深南大道》；有人为它写诗——“深南大道，和你的往事平分秋色。至少我是被你看大的新娘，向你走来，用那把打着鼾声的古琴”。

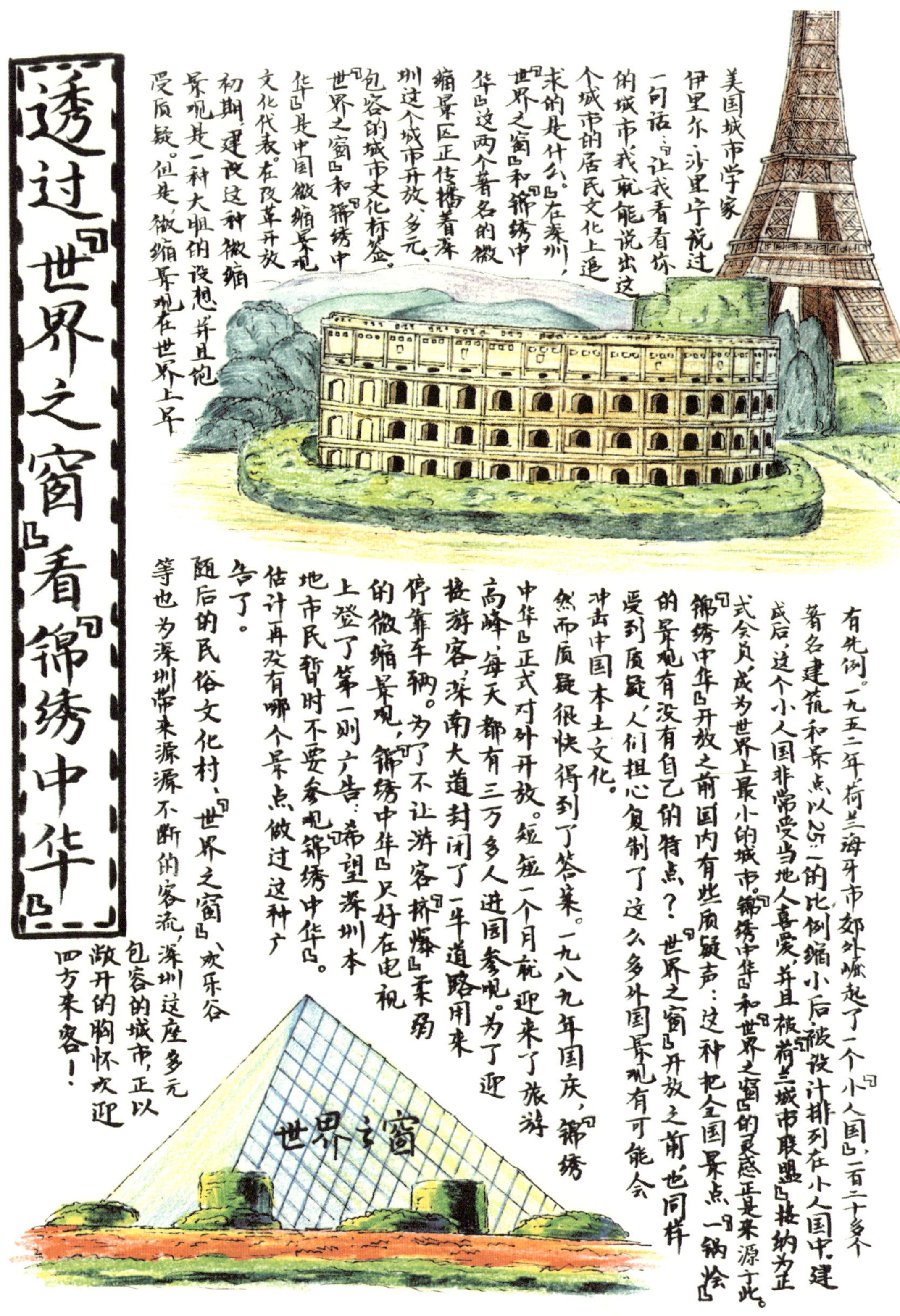

透过『世界之窗』看『锦绣中华』

美国城市学家伊里尔·沙里宁说过一句话："让我看看你的城市，我就能说出这个城市的居民文化上追求的是什么。"在深圳，『世界之窗』和『锦绣中华』这两个著名的微缩景区正传播着深圳这个城市开放、多元、包容的城市文化标签。

『世界之窗』和『锦绣中华』是中国微缩景观文化代表。在改革开放初期，建设这种微缩景观是一种大胆的设想并且饱受质疑。但是，微缩景观在世界上早有先例。一九五二年荷兰海牙市郊外崛起了一个『小人国』，一百二十多个著名建筑和景点以25:1的比例缩小后，被设计排列在小人国中。建成后，这个小人国非常受当地人喜爱，并且被荷兰城市联盟接纳为正式会员，成为世界上最小的城市。『锦绣中华』和『世界之窗』的灵感正是来源于此。

『锦绣中华』开放之前国内有些质疑声：这种把全国景点『一锅烩』的景观有没有自己的特点？『世界之窗』开放之前，也同样受到质疑，人们担心复制了这么多外国景观有可能会冲击中国本土文化。

然而质疑很快得到了答案。一九八九年国庆，『锦绣中华』正式对外开放。短短一个月就迎来了旅游高峰，每天都有三万多人进园参观。为了迎接游客，深南大道封闭了一半道路用来停靠车辆。为了不让游客『挤爆』柔弱的微缩景观，『锦绣中华』只好在电视上登了第一则广告："希望深圳本地市民暂时不要参观锦绣中华。"估计再没有哪个景点做过这种广告了。

随后的民俗文化村、『世界之窗』、欢乐谷等也为深圳带来源源不断的客流，深圳这座多元包容的城市，正以敞开的胸怀欢迎四方来客！

透过“世界之窗”看“锦绣中华”

美国城市学家伊里尔·沙里宁说过一句话：“让我看看你的城市，我就能说出这个城市的居民在文化上追求的是什么。”在深圳，“世界之窗”和“锦绣中华”这两个著名的微缩景区正传播着深圳这个城市开放、多元、包容的城市文化标签。

“世界之窗”和“锦绣中华”是中国微缩景观文化的代表。在改革开放初期，建设这种微缩景观是一种大胆的设想，并且饱受质疑。但是，微缩景观在世界上早有先例。1952年，荷兰海牙市郊外崛起了一个“小人国”，120多个著名建筑和景点以25:1的比例缩小后被设计排列在小人国中。建成后，这个小人国非常受当地人喜爱，并且被“荷兰城市联盟”接纳为正式会员，成为世界上最小的城市。“锦绣中华”和“世界之窗”的灵感正是来源于此。

“锦绣中华”开放之前，国内有些质疑声：这种把全国景点“一锅烩”的景观有没有自己的特点？“世界之窗”开放之前，也同样受到质疑，人们担心复制了这么多外国景观有可能会冲击中国本土文化。

然而质疑很快得到了答案。1989年国庆，“锦绣中华”正式对外开放，短短一个月就迎来了旅游高峰，每天都有3万多人进园参观。为了迎接游客，深南大道封闭了一半道路用来停靠车辆。为了不让游客“挤爆”柔弱的微缩景观，“锦绣中华”只好在电视上登了第一则广告：希望深圳本地市民暂时不要参观“锦绣中华”。估计再没有哪个景点做过这种广告了。

随后的民俗文化村、“世界之窗”、欢乐谷等也为深圳带来源源不断的客流，深圳这座多元包容的城市，正以敞开的胸怀欢迎四方来客！

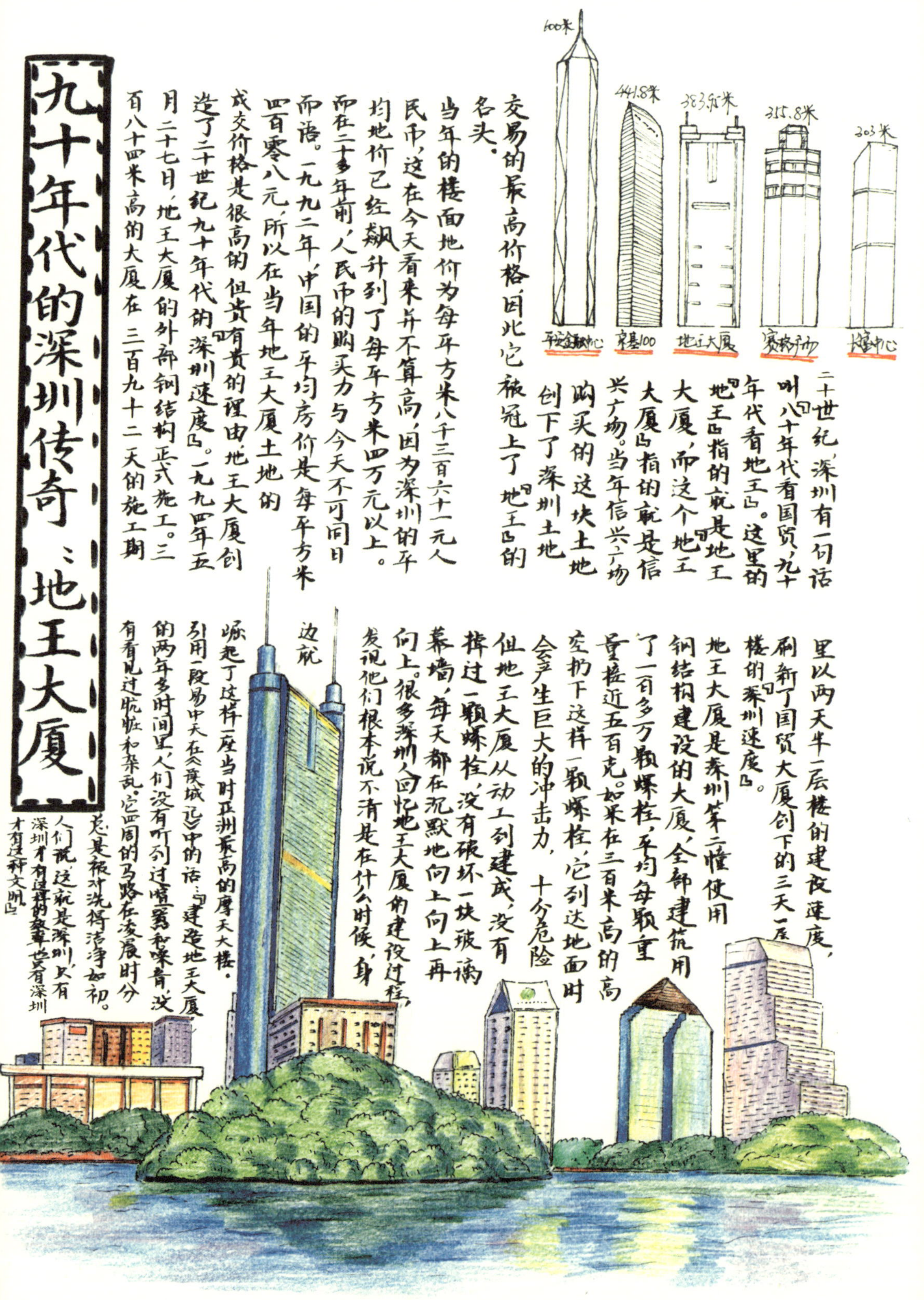

九十年代的深圳传奇：地王大厦

二十世纪，深圳有一句话叫『八十年代看国贸，九十年代看地王』。这里的『地王』指的就是地王大厦，而这个『地王大厦』指的就是信兴广场。当年信兴广场购买的这块土地创下了深圳土地交易的最高价格，因此它被冠上了『地王』的名头。

当年的楼面地价为每平方米八千三百六十一元人民币，这在今天看来并不算高，因为深圳的平均地价已经飙升到了每平方米四万元以上。而在二十多年前，人民币的购买力与今天不可同日而语。一九九二年，中国的平均房价是每平方米四百零八元，所以在当年地王大厦土地的成交价格是很高的。但贵有贵的理由，地王大厦创造了二十世纪九十年代的『深圳速度』。一九九四年五月二十七日，地王大厦的外部钢结构正式施工。三百八十四米高的大厦在三百九十二天的施工期里以两天半一层楼的建设速度，刷新了国贸大厦创下的三天一层楼的『深圳速度』。

地王大厦是深圳第二幢使用钢结构建设的大厦，全部建筑用了一百多万颗螺栓，平均每颗重量接近五百克。如果在三百米高的高空扔下这样一颗螺栓，它到达地面时会产生巨大的冲击力，十分危险。但地王大厦从动工到建成，没有掉过一颗螺栓，没有破坏一块玻璃幕墙，每天都在沉默地向上向上再向上。很多深圳人回忆地王大厦的建设过程，发现他们根本说不清是在什么时候，身边就崛起了这样一座当时亚洲最高的摩天大楼。

引用一段易中天在《读城记》中的话：『建造地王大厦的两年多时间里，人们没有听到过喧嚣和噪音，没有看见过肮脏和杂乱，它四周的马路在凌晨时分总是被冲洗得洁净如初。人们说，这就是深圳，只有深圳才有这样的效率，也只有深圳才有这种文明』。

90 年代的深圳传奇：地王大厦

20世纪，深圳有一句话叫“80年代看国贸，90年代看地王”。这里的“地王”指的就是地王大厦，而这个“地王大厦”指的就是信兴广场。当年信兴广场购买的这块土地创下了深圳土地交易的最高价格，因此被冠上了“地王”的名头。

当年的楼面地价为每平方米8361元，这在今天看来并不算高，因为深圳的平均地价已经飙升到了每平方米4万元以上。而在20多年前，人民币的购买力与今天不可同日而语。1992年，中国的平均房价是每平方米408元，所以在当年地王大厦土地的成交价格是很高的。但贵有贵的理由，地王大厦创造了20世纪90年代的“深圳速度”。1994年5月27日，地王大厦的外部钢结构正式施工。384米高的大厦在392天的施工期里以“两天半一层楼”的建设速度，刷新了国贸大厦创下的“三天一层楼”的“深圳速度”。

地王大厦是深圳第二幢使用钢结构建设的大厦，全部建筑用了100多万颗螺栓，平均每颗重量接近500克。如果在300米高的高空扔下这样一颗螺栓，它到达地面时会产生巨大的冲击力，十分危险。但地王大厦从动工到建成，没有掉过一颗螺栓，没有破坏一块玻璃幕墙，每天都在沉默地向上向上再向上。很多深圳人回忆地王大厦的建设过程，发现他们根本说不清是在什么时候，身边就崛起了这样一座当时亚洲最高的摩天大楼。

引用一段易中天在《读城记》中的话：“建造地王大厦的两年多时间里，人们没有听到过喧嚣和噪声，没有看见过肮脏和杂乱。它四周的马路在凌晨时分总是被冲洗得洁净如初。人们说，这就是深圳，只有深圳才有这样的效率，也只有深圳才有这种文明。”

深圳与高尔夫

深圳的土地以寸土寸金形容绝不夸张，然而这里的高尔夫球场却占华南地区全部高尔夫球场面积的四分之一，不得不说是个怪现象，因为高尔夫球场的土地利用率非常低。那么为什么这项『贵族运动』能够在深圳蓬勃发展呢？

高尔夫球普遍被认为是『贵族运动』，但它的出现其实很平民，源于十五世纪苏格兰牧羊人用驱羊棍击打石子的游戏。一七九五年，美国成立了第一家高尔夫球俱乐部；一八六〇年英国举办了首届高尔夫球公开赛。至此，高尔夫球才作为一项运动流行起来。一九八四年，霍英东在广东中山投资建成了中国第一个高尔夫球场，高尔『夫这项运动开始走进中国人的视野。但当时打高尔夫球是一项名副其实的贵族运动』，因为场地租金高，运动设施昂贵，运动礼仪多，所以导致会玩的人不多，高尔夫球场也很少。

许多人不理解，为什么深圳的市中心要建那么大的高尔夫球场？这其实是一个误会。一九八二年，深圳高尔夫俱乐部便申报立项，这是中国第一家申报立项建设的高尔夫球会，只不过建成速度慢于中山的球场。那时的深圳发展起步不久，深圳高尔夫球俱乐部的选址还位于当时的城外，但随着城市的扩张，彼时的城外已经成了今天的市中心，这才造成了如今如此『高调』的深圳高尔夫球场。

深圳与高尔夫球运动的因缘很深。美国班赫斯球会用了百年成为世界第一，而深圳的观澜湖球会仅用了十年就成为世界最大的高尔夫球会。二〇〇七年，吉尼斯世界纪录中的第一大球会落户深圳，深圳与高尔夫的故事还在继续。

深圳与高尔夫

深圳的土地以寸土寸金形容绝不夸张，然而这里的高尔夫球场却占华南地区全部高尔夫球场面积的四分之一，不得不说是个怪现象，因为高尔夫球场的土地利用率非常低。那么为什么这项“贵族运动”能够在深圳蓬勃发展呢？

高尔夫球普遍被认为是“贵族运动”，但它的出现其实很平民，源于15世纪苏格兰牧羊人用驱羊棍击打石子的游戏。1795年，美国成立了第一家高尔夫球俱乐部；1860年，英国举办了首届高尔夫球公开赛。至此，高尔夫球才作为一项运动流行起来。1984年，霍英东在广东中山投资建成了中国第一个高尔夫球场，高尔夫这项运动开始走进中国人的视野。但当时打高尔夫球是一项名副其实的“贵族运动”，因为场地租金高，运动设施昂贵，运动礼仪多，所以导致会玩的人不多，高尔夫球场也很少。

许多人不理解，为什么深圳的市中心要建那么大的高尔夫球场？这其实是一个误会。1982年，深圳高尔夫俱乐部便申报立项，这是中国第一家申报立项建设的高尔夫球会，只不过建成速度慢于中山的球场。那时的深圳发展起步不久，深圳高尔夫俱乐部的选址还位于当时的城外，但随着城市的扩张，彼时的城外已经成了今天的市中心，这才造就了如今如此“高调”的深圳的高尔夫球场。

美国班赫斯球会用了百年成为世界第一，而深圳的观澜湖球会仅用了10年就成为世界最大的高尔夫球会。2007年，吉尼斯世界纪录中的第一大球会落户深圳，深圳与高尔夫的故事还在继续。

小贴士

“高尔夫”原意为“在绿地和新鲜空气中的美好生活”。这从高尔夫球的英文单词golf可以看出来：g是绿色（green）；o是氧气（oxygen）；l是阳光（light）；f是友谊（friendship）。它是一种集享受大自然乐趣、体育锻炼和游戏于一身的运动。

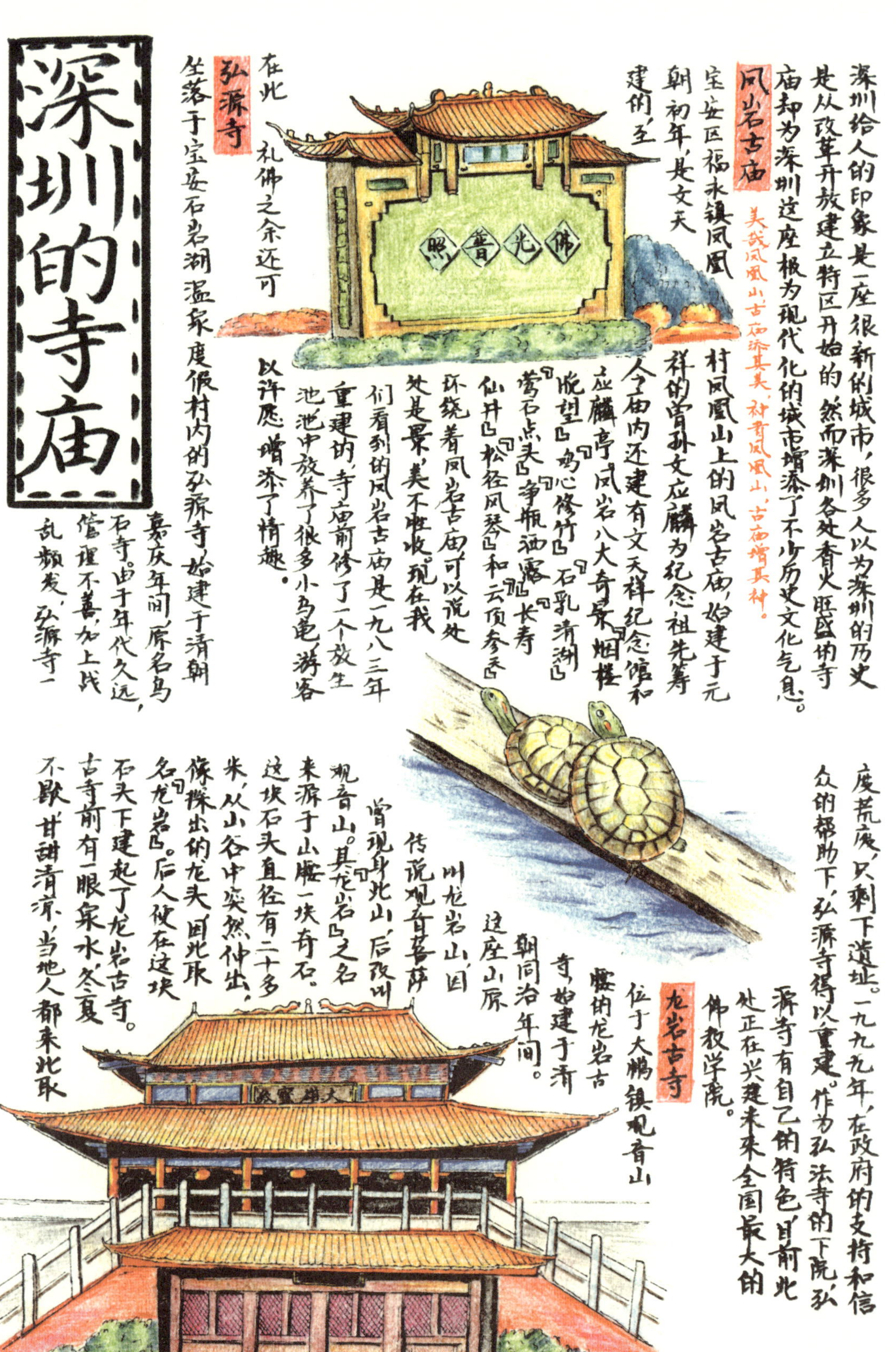

深圳的寺庙

深圳给人的印象是一座很新的城市，很多人以为深圳的历史是从改革开放建立特区开始的。然而深圳各处香火旺盛的寺庙却为深圳这座极为现代化的城市增添了不少历史文化气息。

美哉凤凰山，古庙添其美；神奇凤凰山，古庙增其神。

凤岩古庙

宝安区福永镇凤凰村凤凰山上的凤岩古庙，始建于元朝初年，是文天祥的曾孙文应麟为纪念祖先筹建的，至今庙内还建有文天祥纪念馆和应麟亭。凤岩八大奇景『烟楼眺望』『鸠心修竹』『石乳清湖』『莺石点头』『争瓶洒露』『长寿仙井』『松径风琴』和『云顶参天』环绕着凤岩古庙，可以说处处是景，美不胜收。现在我们看到的凤岩古庙是一九八三年重建的，寺庙前修了一个放生池，池中放养了很多小乌龟，游客在此礼佛之余还可以许愿，增添了情趣。

弘源寺

坐落于宝安石岩湖温泉度假村内的弘源寺，始建于清朝嘉庆年间，原名乌石寺。由于年代久远，管理不善，加上战乱频发，弘源寺一度荒废，只剩下遗址。一九九九年，在政府的支持和信众的帮助下，弘源寺得以重建。作为弘法寺的下院，弘源寺有自己的特色，目前此处正在兴建未来全国最大的佛教学院。

龙岩古寺

位于大鹏镇观音山麓的龙岩古寺，始建于清朝同治年间。这座山原叫龙岩山，因传说观音菩萨曾现身此山，后改叫观音山。其『龙岩』之名来源于山腰一块奇石。这块石头直径有二十多米，从山谷中突然伸出，像探出的龙头，因此取名『龙岩』。后人便在这块石头下建起了龙岩古寺。古寺前有一眼泉水，冬夏不歇，甘甜清凉，当地人都来此取

深圳的寺庙

深圳给人的印象是一座很新的城市，很多人以为深圳的历史是从改革开放建立特区开始的，然而深圳各处香火旺盛的寺庙却为深圳这座极为现代化的城市增添了不少历史文化气息。

凤岩古庙

宝安区福永镇凤凰村凤凰山上的凤岩古庙，始建于元朝初年，是文天祥的曾孙文应麟为纪念祖先筹建的，至今庙内还建有文天祥纪念馆和应麟亭。凤岩八大奇景“烟楼晚望”“鸡心修竹”“石乳清湖”“莺石点头”“净瓶洒露”“长寿仙井”“松径风琴”和“云顶参天”环绕着凤岩古庙，可以说处处是景，美不胜收。现在我们看到的凤岩古庙是1983年重建的，寺庙前修了一个放生池，池中放养了很多小乌龟，游客在此礼佛之余还可以许愿。

弘源寺

坐落于宝安石岩湖温泉度假村内的弘源寺，始建于清朝嘉庆年间，原名乌石寺。由于年代久远，管理不善，加上战乱频发，弘源寺一度荒废，只剩下遗址。1999年，在政府的支持和信众的帮助下，弘源寺得以重建。作为弘法寺的下院，弘源寺有自己的特色，目前此处正在兴建未来全国最大的佛教学院。

龙岩古寺

位于大鹏镇观音山腰的龙岩古寺，始建于清朝同治年间。这座山原叫龙岩山，因传说观音菩萨曾现身此山，后改叫观音山。其“龙岩”之名来源于山腰的一块奇石。这块石头直径有20多米，从山谷中突然伸出，像探出的龙头，因此取名“龙岩”。后人便在这块石头下建起了龙岩古寺。古寺前有一眼泉水，

水，称它为『仙水』。寺门下建有持净瓶的汉白玉观音塑像，寺门前建有宝塔。

弘法寺

弘法寺建有山门殿、天王殿、佛教文化展览楼、大雄宝殿、藏经楼等

位于深圳仙湖植物园内的弘法寺始建于一九八五年，虽然建寺时间不长，却是深圳地区香火最为旺盛的寺庙。弘法寺所在地方曾经有一个『梧桐仙洞』，建于清朝末年，直到抗日战争前，此地香火一直旺盛，每年『农历七月要在此打醮』。抗战爆发后，弘法寺逐渐没落。深圳特区建立后，市政府决定重修『梧桐仙洞』，但后来综合各方意见，最终改建了弘法寺。弘法寺的兴建，为信仰佛教的国际友人和港澳同胞到深圳提供了一个好去处。

万佛禅寺

东湖公园南部有一座万佛寺，它是近年兴建的寺院，知名度不算高，但寺中的一座四面佛却很有来头。这座四面佛是由泰国僧王代表泰国政府赠送给深圳弘法寺的，却在万佛禅寺开光。四面佛，人称『有求必应』佛，佛的四面，分别代表姻缘、事业、平安与财运，在泰国，是受信众膜拜最多的佛像之一。

大华兴寺

深圳华侨城内海拔四百八十六米的观音山上有一座大华兴寺，是一处近年来修建的展示中国传统佛教文化的园区，虽然历史文化不长，但庄严肃穆，清静神秘。一进寺庙就能看到一座12.3米高的护法韦陀菩萨金身，再往里走，登上一百零八级青石台阶还能见到一座巍峨高耸的四面观音金像——『观音坐莲』。金像上方是一个四面通透的巨大半圆形穹顶，国内少见，人们称此境为『天禅圣境』。深圳的寺庙不算多，但各有韵味。如果在深圳看腻了摩天大厦、车水马龙，不妨寻访一下这些寺庙，定会带给你不一样的感觉。

冬夏不歇，甘甜清凉，当地人都来此取水，称它为“仙水”。寺门下建有持净瓶的汉白玉观音塑像，寺门前建有宝塔。

弘法寺

位于深圳仙湖植物园内的弘法寺始建于1985年，虽然建寺时间不长，却是深圳地区香火最为旺盛的寺庙。弘法寺所在的地方曾经有一个“梧桐仙洞”，建于清朝末年，直到抗日战争前，此地香火一直旺盛，每年农历七月，要在此“打醮”。抗战爆发后，弘法寺逐渐没落。深圳特区建立后，市政府决定重修“梧桐仙洞”，但后来综合各方意见，最终改建了弘法寺。弘法寺的兴建，为信仰佛教的国际友人和港澳同胞提供了一个好去处。

万佛禅寺

东湖公园南部有一座万佛禅寺，它是近年兴建的寺院，知名度不算高，但寺中的一座四面佛却很有来头。这座四面佛是由泰国僧王代表泰国政府赠送给深圳弘法寺的，却在万佛禅寺开光。四面佛，人称“有求必应”佛，佛的四面分别代表姻缘、事业、平安与财运，在泰国是受信众膜拜最多的佛像之一。

大华兴寺

深圳华侨城内海拔486米的观音山（非大鹏镇观音山）上有一座大华兴寺，是一处近年来修建的展示中国传统佛教文化的园区，虽然历史不长，但庄严肃穆，清静神秘。一进寺庙就能看到一座12.3米高的护法韦陀菩萨金身，再往里走，登上108级青石台阶，还能见到一座高耸的四面观音金像——“观音坐莲”。金像上方是一个四面通透的巨大半圆形穹顶，国内少见，人们称此境为“天禅圣境”。

深圳的寺庙不算多，但各有韵味。如果在深圳看腻了摩天大厦、车水马龙，不妨寻访一下这些寺庙，定会带给你不一样的感觉。

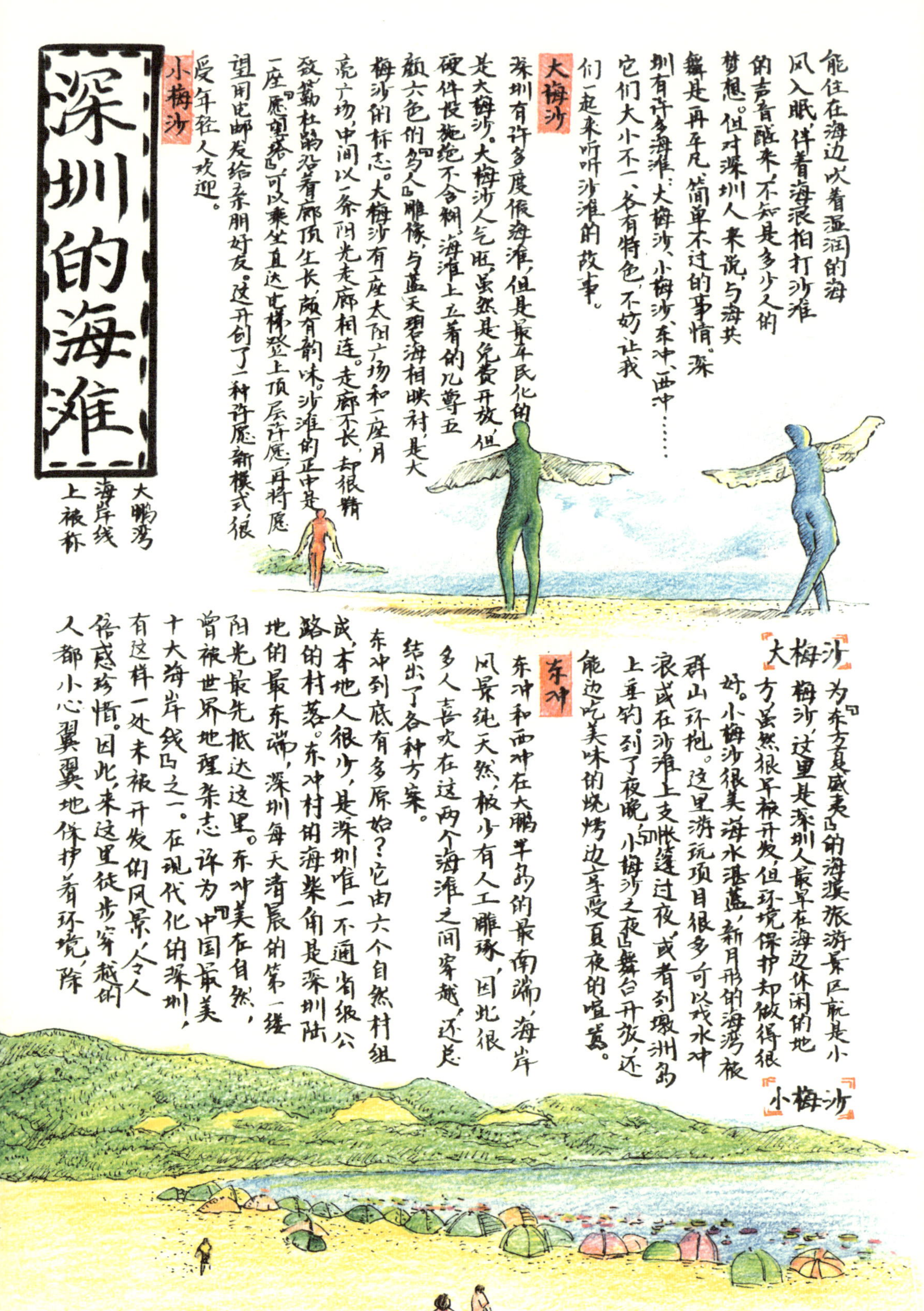

深圳的海滩

能住在海边吹着湿润的海风入眠，伴着海浪拍打沙滩的声音醒来，不知是多少人的梦想。但对深圳人来说，与海共舞是再平凡、简单不过的事情。深圳有许多海滩：大梅沙、小梅沙、东冲、西冲……它们大小不一、各有特色，不妨让我们一起来听听沙滩的故事。

大梅沙

深圳有许多度假海滩，但是最平民化的是大梅沙。大梅沙人气旺，虽然是免费开放，但硬件设施绝不含糊。海滩上立着的几尊五颜六色的"鸟人"雕像，与蓝天碧海相映衬，是大梅沙的标志。大梅沙有一座太阳广场和一座月亮广场，中间以一条阳光走廊相连。走廊不长，却很精致，簕杜鹃沿着廊顶生长，颇有韵味。沙滩的正中是一座"愿望塔"，可以乘坐直达电梯登上顶层许愿，再将愿望用电邮发给亲朋好友。这开创了一种许愿新模式，很受年轻人欢迎。

小梅沙

大鹏湾海岸线上被称为"东方夏威夷"的海滨旅游景区就是小梅沙，这里是深圳人最早在海边休闲的地方。虽然很早被开发，但环境保护却做得很好。小梅沙很美，海水湛蓝，新月形的海湾被群山环抱。这里游玩项目很多，可以戏水冲浪，或在沙滩上支帐篷过夜，或者到壕洲岛上垂钓。到了夜晚，"小梅沙之夜"舞台开放，还能边吃美味的烧烤边享受夏夜的喧嚣。

『大梅沙』

『小梅沙』

东冲

东冲和西冲在大鹏半岛的最南端，海岸风景纯天然，极少有人工雕琢，因此很多人喜欢在这两个海滩之间穿越，还总结出了各种方案。

东冲到底有多原始？它由六个自然村组成，本地人很少，是深圳唯一不通省级公路的村落。东冲村的海柴角是深圳陆地的最东端，深圳每天清晨的第一缕阳光最先抵达这里。东冲美在自然，曾被世界地理杂志评为"中国最美十大海岸线"之一。在现代化的深圳，有这样一处未被开发的风景，令人倍感珍惜。因此，来这里徒步穿越的人都小心翼翼地保护着环境，除

深圳的海滩

能住在海边，吹着湿润的海风入眠，伴着海浪拍打沙滩的声音醒来，不知是多少人的梦想。但对深圳人来说，与海共舞是再平凡简单不过的事情。深圳有许多沙滩：大梅沙、小梅沙、东冲、西冲……它们大小不一，各有特色。我们不妨一起来听听沙滩的故事。

大梅沙

深圳有许多度假海滩，但是最平民化的是大梅沙。大梅沙人气旺，虽然是免费开放，但硬件设施绝不含糊。海滩上立着的几尊五颜六色的“鸟人”雕像，与蓝天碧海相映衬，是大梅沙的标志。大梅沙有一座太阳广场和一座月亮广场，中间以一条阳光走廊相连。走廊不长，却很精致，簕杜鹃沿着廊顶生长，颇有韵味。沙滩的正中是一座“愿望塔”，可以乘坐直达电梯登上顶层许愿，再将愿望用电邮发给亲朋好友。这开创了一种许愿新模式，很受年轻人欢迎。

小梅沙

大鹏湾海岸线上被称为“东方夏威夷”的海滨旅游景区就是小梅沙，这里是深圳人最早在海边休闲的地方，虽然很早被开发，但环境保护却做得很好。小梅沙很美，海水湛蓝，新月形的海湾被群山环抱。这里游玩项目很多，可以戏水、冲浪，或在沙滩上支帐篷过夜，或到墩洲岛上垂钓。到了夜晚，“小梅沙之夜”舞台开放，还能边吃美味的烧烤边享受夏夜的喧嚣。

东冲

东冲和西冲在大鹏半岛的最南端，海岸风景纯天然，极少有人工雕琢，因

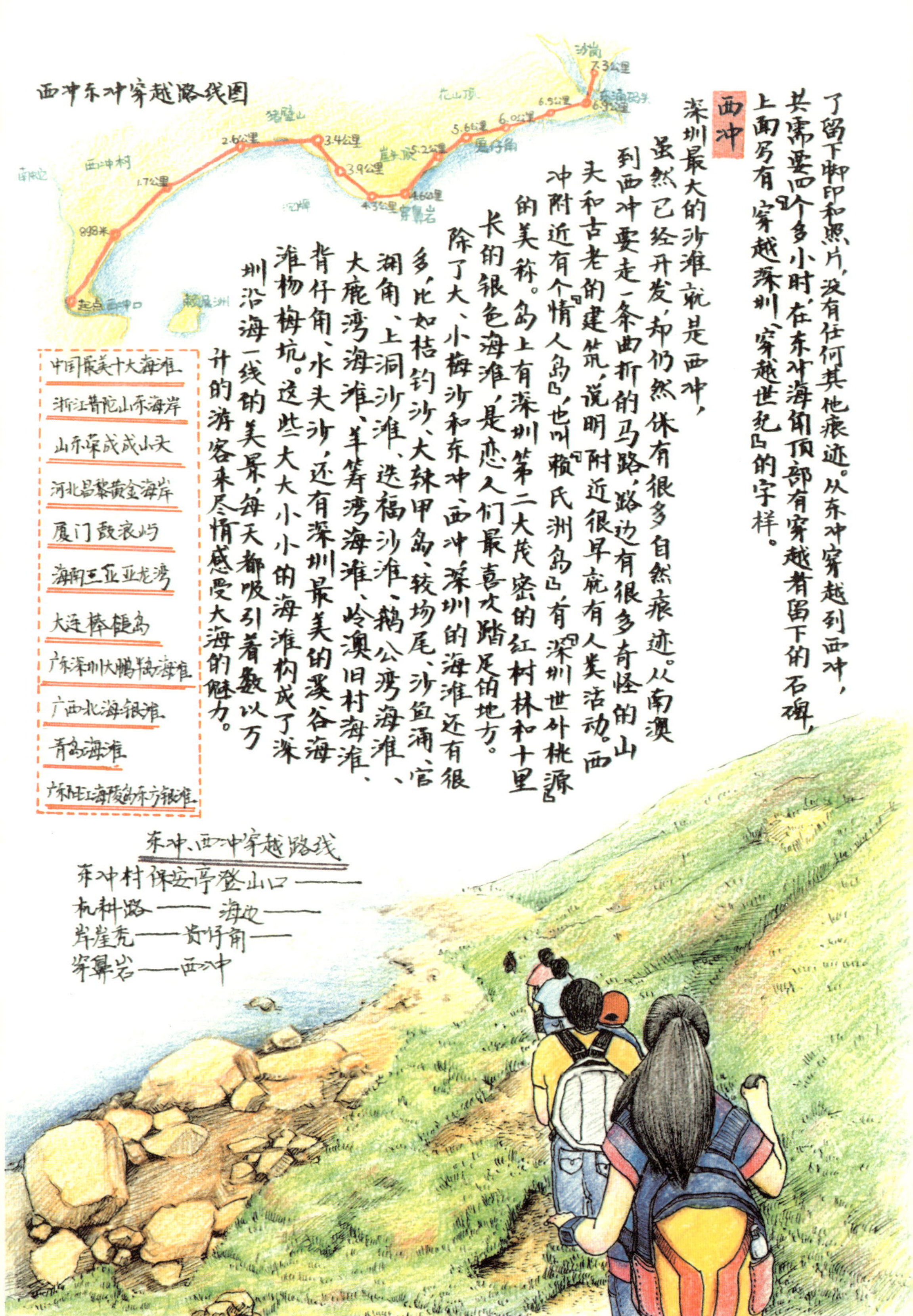
西冲东冲穿越路线图
7.3公里
花山顶
东涌码头
6.9公里
6.5公里
6.0公里
5.6公里
鹿仔角
5.2公里
崖头顶
猪壁山
3.4公里
3.9公里
4.3公里
4.6公里
穿鼻岩
2.6公里
西冲村
1.7公里
888米
起点西冲口
赖氏洲
南澳
了留下脚印和照片，没有任何其他痕迹。从东冲穿越到西冲，
共需要四个多小时，在东冲海角顶部有穿越者留下的石碑，
上面写有"穿越深圳""穿越世纪"的字样。
西冲
深圳最大的沙滩就是西冲，
虽然已经开发，却仍然保有很多自然痕迹。从南澳
到西冲要走一条曲折的马路，路边有很多奇怪的山
头和古老的建筑，说明附近很早就有人类活动。西
冲附近有个"情人岛"，也叫"赖氏洲岛"，有"深圳世外桃源"
的美称。岛上有深圳第二大茂密的红树林和十里
长的银色海滩，是恋人们最喜欢踏足的地方。
除了大、小梅沙和东冲、西冲，深圳的海滩还有很
多，比如桔钓沙、大辣甲岛、较场尾、沙鱼涌、官
湖角、上洞沙滩、迭福沙滩、鹅公湾海滩、
大鹿湾海滩、羊筹湾海滩、岭澳旧村海滩、
背仔角、水头沙，还有深圳最美的溪谷海
滩杨梅坑。这些大大小小的海滩构成了深
圳沿海一线的美景，每天都吸引着数以万
计的游客来尽情感受大海的魅力。
中国最美十大海滩
浙江普陀山东海岸
山东荣成成山头
河北昌黎黄金海岸
厦门鼓浪屿
海南三亚亚龙湾
大连棒棰岛
广东深圳大鹏半岛海滩
广西北海银滩
青岛海滩
广东阳江海陵岛东方银滩
东冲、西冲穿越路线
东冲村保安亭登山口——
机耕路——海边——
岸崖壳——背仔角——
穿鼻岩——西冲

此很多人喜欢在这两个海滩之间穿越，还总结出了各种方案。

东冲到底有多原始？它由六个自然村组成，本地人很少，是深圳唯一不通省级公路的村落。东冲村的海柴角是深圳陆地的最东端，深圳每天清晨的第一缕阳光最先抵达这里。东冲美在自然，曾经被世界地理杂志评为“中国最美十大海岸线”之一。在现代化的深圳，有这样一处未被开发的风景，令人们倍感珍惜。因此，来这里徒步穿越的人都小心翼翼地保护着环境，除了脚印和照片，什么也不留下。从东冲穿越到西冲，共需要四个多小时，在东冲海角顶部有穿越者留下的石碑，上面写有“穿越深圳、穿越世纪”的字样。

西冲

深圳最大的沙滩就是西冲，虽然已经开发，却仍然保有很多自然痕迹。从南澳到西冲要走一条曲折的马路，路边有很多奇怪的山头和古老的建筑，说明附近很早就有人类活动。西冲附近有个“情人岛”，也叫“赖氏洲岛”，有“深圳世外桃源”的美称。岛上有深圳第二大茂密的红树林和十里长的银色海滩，是恋人们最喜欢踏足的地方。

除了大、小梅沙和东冲、西冲，深圳的海滩还有很多，比如桔钓沙、大辣甲岛、较场尾、沙鱼涌、官湖角、上洞沙滩、迭福沙滩、鹅公湾海滩、大鹿湾海滩、羊筹湾海滩、背仔角、水头沙，还有深圳最美的溪谷海滩杨梅坑。这些大大小小的海滩构成了深圳沿海一线的美景，每天都吸引着数以万计的游客来尽情感受大海的魅力。

第四章
深圳物产

珠宝
珠宝玉器
黄金
黄金珠宝
珠宝
玉器批发
批发

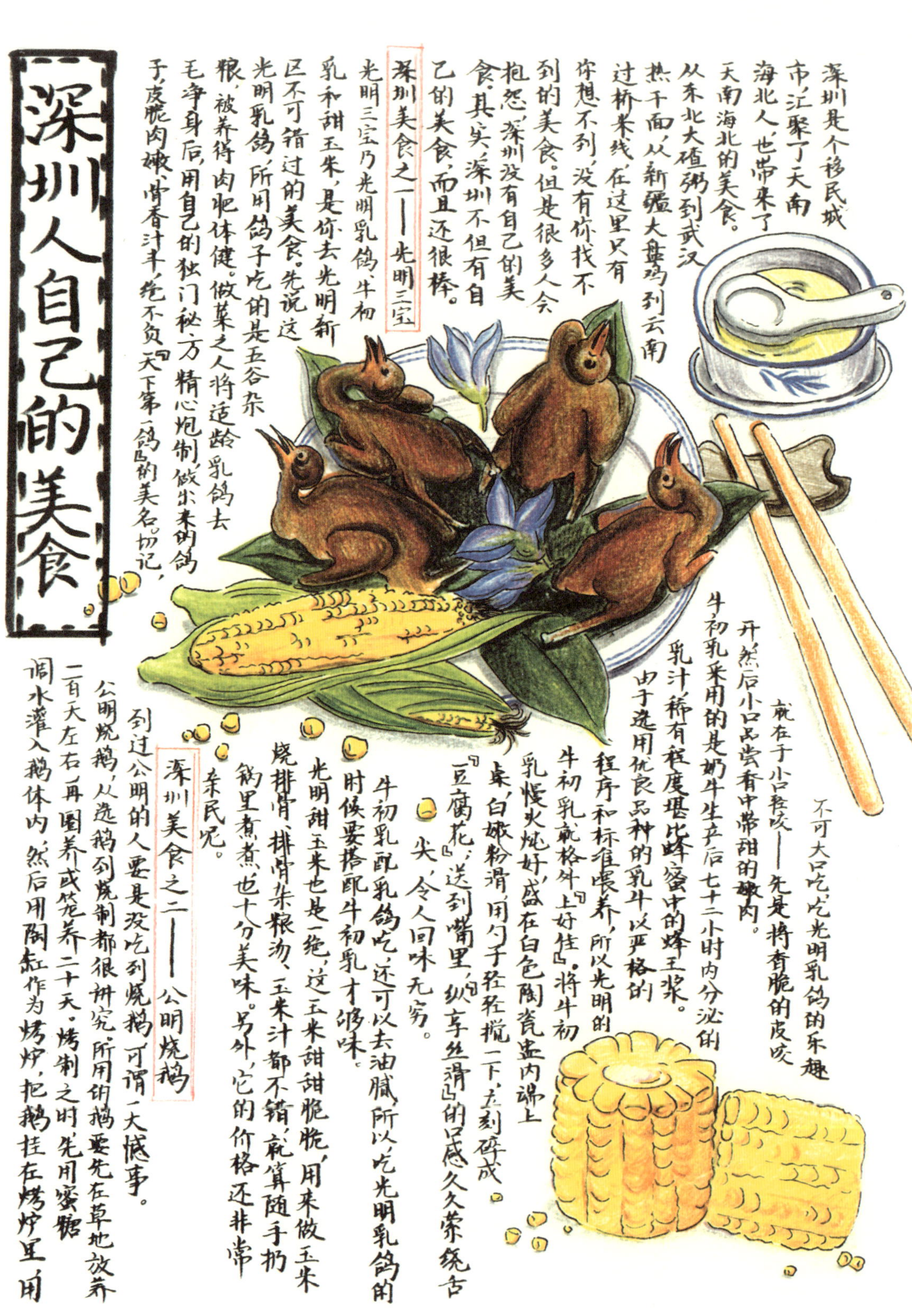

深圳人自己的美食。

深圳是个移民城市，汇聚了天南海北人，也带来了天南海北的美食。从东北大碴粥到武汉热干面，从新疆大盘鸡到云南过桥米线，在这里只有你想不到，没有你找不到的美食。但是很多人会抱怨，深圳没有自己的美食。其实，深圳不但有自己的美食，而且还很棒。

深圳美食之一——光明三宝

光明三宝乃光明乳鸽、牛初乳和甜玉米，是你去光明新区不可错过的美食。先说这光明乳鸽，所用鸽子吃的是五谷杂粮，被养得肉肥体健。做菜之人将适龄乳鸽去毛净身后，用自己的独门秘方精心炮制，做出来的鸽子，皮脆肉嫩，骨香汁丰，绝不负『天下第一鸽』的美名。切记，不可大口吃，吃光明乳鸽的乐趣就在于小口轻咬——先是将香脆的皮咬开，然后小口品尝香中带甜的嫩肉。

牛初乳采用的是奶牛生产后七十二小时内分泌的乳汁，稀有程度堪比蜂蜜中的蜂王浆。由于选用优良品种的乳牛以严格的程序和标准喂养，所以光明的牛初乳就格外『上好佳』。将牛初乳慢火炖好，盛在白色陶瓷盅内端上桌，白嫩粉滑，用勺子轻轻搅一下，立刻碎成『豆腐花』，送到嘴里，『纵享丝滑』的口感久久萦绕舌尖，令人回味无穷。

牛初乳配乳鸽吃，还可以去油腻，所以，吃光明乳鸽的时候要搭配牛初乳才够味。

光明甜玉米也是一绝，这玉米甜甜脆脆，用来做玉米烧排骨、排骨杂粮汤、玉米汁都不错，就算随手扔锅里煮煮，也十分美味。另外，它的价格还非常亲民呢。

深圳美食之二——公明烧鹅

到过公明的人要是没吃到烧鹅，可谓一大憾事。

公明烧鹅，从选鹅到烧制都很讲究。所用的鹅要先在草地放养二百天左右，再圈养或笼养二十天。烤制之时先用蜜糖调水灌入鹅体内，然后用陶缸作为烤炉，把鹅挂在烤炉里用

深圳人自己的美食

深圳是个移民城市，聚集了天南海北的人，也带来了天南海北的美食。从东北大碴粥到武汉热干面，从新疆大盘鸡到云南过桥米线，在这里只有想不到，没有找不到的美食。但是很多人会抱怨，深圳没有自己的美食。其实，深圳不但有自己的美食，而且还很棒。

深圳美食之一——光明三宝

“光明三宝”乃光明乳鸽、牛初乳和甜玉米，是去光明新区不可错过的美食。先说这光明乳鸽，所用鸽子吃的是五谷杂粮，被养得肉肥体健。做菜之人将乳鸽去毛净身后，用自己的独门秘方精心炮制，做出来的鸽子皮脆肉嫩、骨香汁丰，绝不负“天下第一鸽”的美名。切记，不可大口吃。吃光明乳鸽的乐趣就在于小口轻咬——先是将香脆的皮咬开，然后小口品尝香中带甜的嫩肉。

牛初乳采用的是奶牛生产后72小时内分泌的乳汁，稀有程度堪比蜂蜜中的蜂王浆。由于选用优良品种的乳牛，以严格的程序和标准喂养，所以光明的牛初乳就格外“上好佳”。将牛初乳慢火炖好，盛在白色陶瓷盅内端上桌，白嫩粉滑，用勺子轻轻搅一下，立刻碎成“豆腐花”；送到嘴里，“纵享丝滑”的口感久久萦绕舌尖，令人回味无穷。

牛初乳配乳鸽吃，还可以去油腻，所以，吃光明乳鸽的时候要搭配牛初乳才够味。

光明甜玉米也是一绝，这玉米甜甜脆脆，用来做玉米烧排骨、排骨杂粮汤、玉米汁都不错，就算随手扔锅里煮煮，也十分美味。另外，它的价格还非常亲民呢。

深圳美食之二——公明烧鹅

到过公明的人要是没吃到烧鹅，可谓一大憾事。

公明烧鹅，从选鹅到烧制都很讲究。所用的鹅要先在草地放养100天左右，再圈养或笼养20天。烤制之时，先炭火烤二十分钟后，将其取出，吊干，再在鹅体内放进砂糖、食盐、南乳、红枣、八角、生姜汁、蒜泥等配料，鹅皮涂蜜，放进烤炉进行第二次烤制。中火烤十五至二十分钟后，便成公明烧鹅。虽然现在有了不锈钢烤炉，这种炉子卫生、耐用，吸热快，烤出的烤鹅不走味，效率还高，可以同时烤七八只鹅，但本地的老年人仍然喜欢吃陶缸烤炉做出来的公明烧鹅，为的是一种回忆，一种心情。你想吃什么样的公明烧鹅？不妨去公明转转吧。

深圳美食之三——松岗腊鸭

深圳的松岗镇是一片南方水乡，养鸭吃鸭，传统悠久。每年立冬前后，本地人将“梧州”“士娟”等品种的鸭用糙米喂肥，等待天气变冷，再将其宰杀腌制。这腌制过程十分简单，先以生盐涂抹，放置盆中腌制一夜，然后以温水轻洗，于骄阳下晒干，再敷上各种作料存放，腊鸭就此制成。

松岗人的记忆中，松岗腊鸭就是家乡的味道。离家的人，总要带一点松岗腊鸭。吃着松岗腊鸭，仿佛又看见家中母亲晨起温水洗鸭、辛劳操作的模样。

鸭肉性温，细嫩可口，营养丰富，是上等滋补佳品。

深圳美食之四——龙岗三黄鸡

三黄鸡因为黄羽、黄喙、黄脚而被朱元璋命名。相传明朝开国皇帝朱元璋做了皇帝后，整天山珍海味，日子久了，吃什么都觉得没有了味道。皇帝不爱吃饭可是个大问题，于是国师刘基给朱元璋送去一碗鸡肉，朱元璋吃后赞不绝口，忙问这是什么鸡。刘基觉得这鸡脚黄、羽黄、喙黄，形如元宝，就说是元宝鸡。朱元璋听了来由觉得“元宝鸡”不符合这鸡的气质，既然它“脚黄、羽黄、喙黄”，还不如就叫“三黄鸡”。三黄鸡便由此得名。

龙岗客家人养殖三黄鸡的历史悠久，早就成为饲养三黄鸡的高手。三黄鸡被龙岗人养得高大健壮，肉质细嫩，所以在市场上卖得很好。市场上卖鸡肉的地方，最先售罄的往往就是三黄鸡。

用蜜糖调水灌入鹅体内，然后用陶缸作为烤炉，把鹅挂在烤炉里，用炭火烤20分钟后，将其取出，吊干，再在鹅体内放进砂糖、食盐、南乳、红枣、八角、生姜汁、蒜泥等配料，鹅皮涂蜜，放进烤炉进行第二次烤制。中火烤15至20分钟后，便成公明烧鹅。

虽然现在有了不锈钢烤炉，卫生、耐用、吸热快，烤出的烧鹅不走味，效率还高，可以同时烤七八只鹅，但本地的老年人仍然喜欢吃陶缸烤炉做出来的公明烧鹅，为的是一种回忆，一种心情。你想吃什么样的公明烧鹅？不妨去公明转转吧。

深圳美食之三——松岗腊鸭

深圳的松岗镇是一片南方水乡，养鸭吃鸭，传统悠久。

每年立冬前后，本地人将“梧州”“士媚”等品种的鸭用糙米喂肥，等待天气变冷，再将其宰杀腌制。腌制过程十分简单，先以生盐涂抹，放置盆中腌制一夜，然后以温水清洗，于骄阳下晒干，再敷上各种作料存放，腊鸭就此制成。

在松岗人的记忆中，松岗腊鸭就是家乡的味道。离家的人总要带一点松岗腊鸭。吃着松岗腊鸭，仿佛又看见家中母亲晨起温水洗鸭、辛劳操作的模样。

深圳美食之四——龙岗三黄鸡

三黄鸡因为黄羽、黄喙、黄脚而被朱元璋命名。相传朱元璋做了皇帝后，整天山珍海味，日子久了，吃什么都觉得没有味道。皇帝不爱吃饭可是个大问题，于是国师刘基给朱元璋送去一碗鸡肉，朱元璋吃后赞不绝口，忙问这是什么鸡。刘基觉得这鸡脚黄、羽黄、喙黄，形如元宝，就说是元宝鸡。朱元璋听了来由却觉得“元宝鸡”不符合这鸡的气质，既然它“脚黄、羽黄、喙黄”，还不如就叫“三黄鸡”。三黄鸡便由此得名。

龙岗客家人养殖三黄鸡的历史悠

深圳美食之五——猪骨煲

罗湖区的向西村美食街有一个最大的特点，就是云集了众多售猪骨煲的店家。这里走个三五步就是一家餐馆，每几家餐馆之中必有一家猪骨煲店。随便走进一家猪骨煲店，你会发现店里的人都拿着大块猪骨歪着头啃肉，毫不顾及吃相，引人垂涎。猪骨煲端上桌的那一刻，人就变得快乐起来。大块的猪骨上面带着嫩肉，滑嫩而肥厚，汤汁香浓，引得大家一起大快朵颐。

深圳美食之六——田艾粄

田艾粄就是将田艾捣烂，和上黏米粉做成的一种小吃。初春时节是田艾生长最为茂盛的时候，所以每年这个时候，当地人都会差孩子去田间采回田艾做田艾粄。孩子们也乐此不疲，因为这既能出去放风，又能获得妈妈的夸奖，吃到美食。

很多人容易将田艾粄的「粄」字错写成「饭」，这「粄」字是文言字，也是客家语和海南话（海南闽语）的特色字，指的是「大米制作的食品」。

深圳人气美食街

美食街名称	特色
向西村美食街	向西村美食街是全球售卖猪骨煲及鸡煲最集中的地方。另外，大排档、奶茶店以及各类酒馆，也非常诱人
八卦路美食街	八卦路美食街上集中了很多全国各地地方风味菜的连锁品牌食店，这些店知名度都很高，品质和味道有保证。
福田美食街	这里最热闹的是晚上，很多人蜂拥而来，很多店都得排队。烧鹅、铁板生蚝、双皮奶是这里最具人气的美食。
龙岗罗瑞合美食街	罗瑞合美食街的台湾美食是特色，米血糕、割包、胡椒饼、雪花冰等小吃让人回味无穷。
华强北美食街	华强北美食街汇聚全国各地美食，不论是大饭店还是小饭馆，这里应有尽有，能满足各个层次的消费需求。
盐田海鲜一条街	这条街是海鲜的天下。在本地难得一见的皇帝蟹、泰国濑尿虾、阿拉斯加长脚蟹，都在橱窗里吐着泡泡等你。
蛇口美食街	这里有来自美、意、日、韩、泰、印、澳等世界各地数十家餐厅，是体验世界各地异域风情的好去处。

久，早就成为饲养三黄鸡的高手。三黄鸡被龙岗人养得高大健壮，肉质细嫩，所以在市场上卖得很好。市场上卖鸡肉的地方，最先售罄的往往就是三黄鸡。

深圳美食之五——猪骨煲

罗湖区的向西村美食街有一个最大的特点，就是云集了众多售猪骨煲的店家。这里走个三五步就是一家餐馆，每几家餐馆之中必有一家猪骨煲店。随便走进一家猪骨煲店，你会发现店里的人都拿着大块猪骨歪着头啃肉，毫不顾及吃相，引人垂涎。猪骨煲端上桌的那一刻，人就变得快乐起来。大块的猪骨上面带着嫩肉，滑嫩而肥厚，汤汁香浓，引得大家一起大快朵颐。

深圳美食之六——田艾粄

田艾粄就是将田艾捣烂、和上黏米粉做成的一种小吃。初春时节是田艾生长最为茂盛的时候，所以每年这个时候，当地人都会差孩子去田间采回田艾，做田艾粄。孩子们也乐此不疲，因为这既能出去放风，又能获得妈妈的夸奖，吃到美食。

很多人容易将田艾粄的“粄”字错写成“饭”。这“粄”字是文言字，也是客家语和海南话（海南闽语）的特色字，指的是“大米制作的食品”。

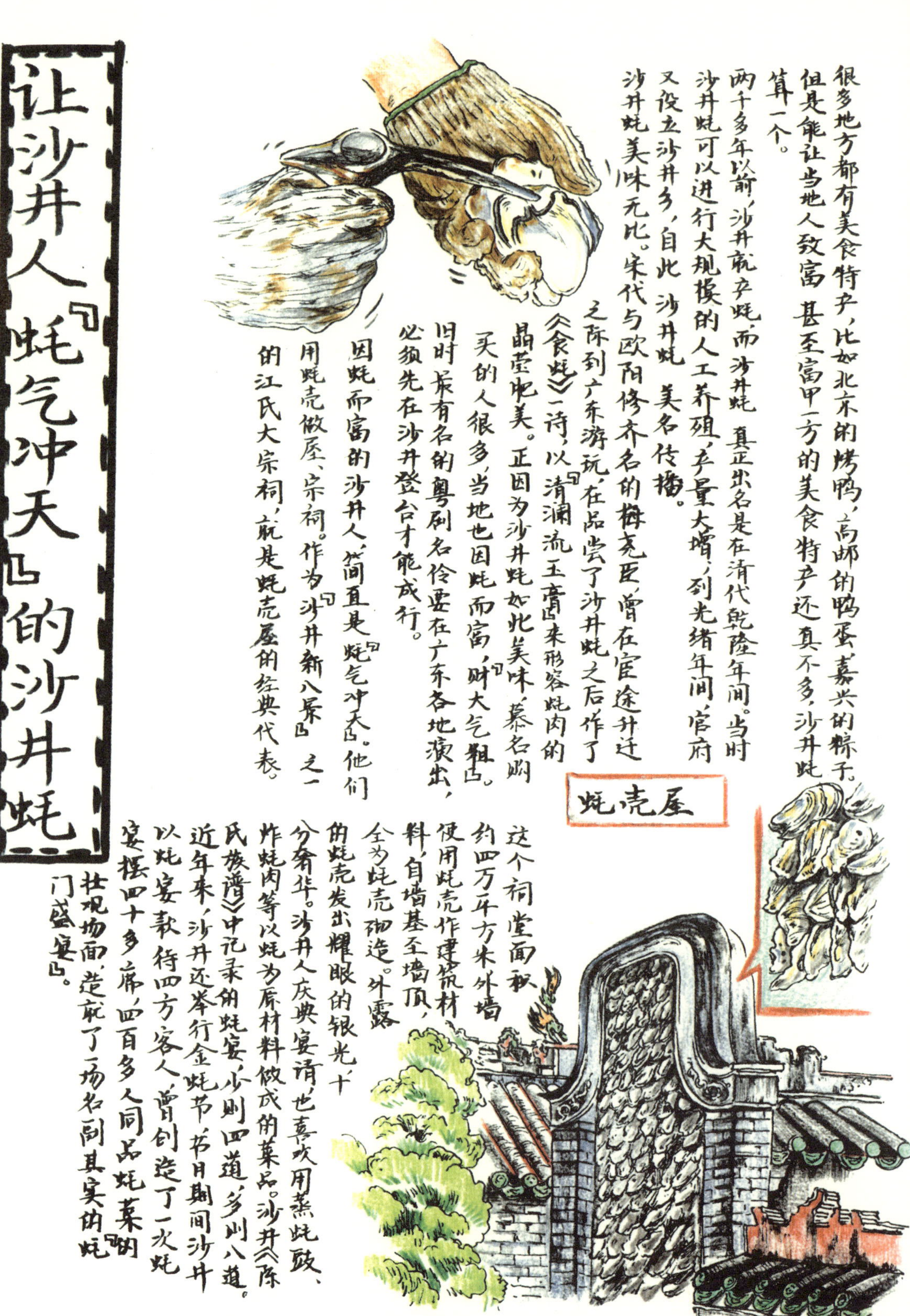

让沙井人『蚝气冲天』的沙井蚝

很多地方都有美食特产，比如北京的烤鸭，高邮的鸭蛋，嘉兴的粽子。但是能让当地人致富甚至富甲一方的美食特产还真不多，沙井蚝算一个。

两千多年以前，沙井就产蚝，而沙井蚝真正出名是在清代乾隆年间。当时沙井蚝可以进行大规模的人工养殖，产量大增，到光绪年间，官府又设立沙井乡，自此沙井蚝美名传播。

沙井蚝美味无比。宋代与欧阳修齐名的梅尧臣，曾在宦途升迁之际到广东游玩，在品尝了沙井蚝之后作了《食蚝》一诗，以『清澜流玉膏』来形容蚝肉的晶莹肥美。正因为沙井蚝如此美味，慕名购买的人很多，当地也因蚝而富，『财大气粗』。旧时最有名的粤剧名伶要在广东各地演出，必须先在沙井登台才能成行。

因蚝而富的沙井人，简直是『蚝气冲天』。他们用蚝壳做屋、宗祠。作为『沙井新八景』之一的江氏大宗祠，就是蚝壳屋的经典代表。

蚝壳屋

这个祠堂面积约四万平方米，外墙使用蚝壳作建筑材料，自墙基至墙顶，全为蚝壳砌造。外露的蚝壳发出耀眼的银光，十分奢华。沙井人庆典宴请，也喜欢用蒸蚝豉、炸蚝肉等以蚝为原材料做成的菜品。沙井《陈氏族谱》中记录的蚝宴，少则四道，多则八道。近年来，沙井还举行金蚝节，节日期间沙井以蚝宴款待四方客人，曾创造了一次蚝宴摆四十多席，四百多人同品蚝菜的壮观场面，造就了一场名副其实的『蚝门盛宴』。

让沙井人“蚝气冲天”的沙井蚝

很多地方都有美食特产，比如北京的烤鸭，高邮的鸭蛋，嘉兴的粽子。但是能让当地人致富甚至富甲一方的美食特产还真不多，沙井蚝算一个。

2000多年以前，沙井就产蚝，而沙井蚝真正出名是在清代乾隆年间。当时沙井蚝可以进行大规模的人工养殖，产量大增；到光绪年间，官府又设立沙井乡，自此沙井蚝美名远播。

沙井蚝美味无比。宋代与欧阳修齐名的梅尧臣，曾在宦途升迁之际到广东游玩，在品尝了沙井蚝之后，作了《食蚝》一诗，以“清澜流玉膏”来形容蚝肉的晶莹肥美。正因为沙井蚝如此美味，慕名购买的人很多，当地也因蚝而富，“财大气粗”。旧时最有名的粤剧名伶要在广东各地演出，必须先在沙井登台才能成行。

因蚝而富的沙井人，简直是“蚝气冲天”。他们用蚝壳做屋、做宗祠。作为“沙井新八景”之一的江氏大宗祠，就是蚝壳屋的经典代表。这个祠堂面积约4万平方米，外墙使用蚝壳作为建筑材料，自墙基至墙顶，全为蚝壳砌造。外露的蚝壳发出耀眼的银光，十分奢华。沙井人庆典宴请，也喜欢用蒸蚝豉、炸蚝肉等以蚝为原材料做成的菜品。沙井《陈氏族谱》中记录的蚝宴，少则四道，多则八道。近年来，沙井还举行金蚝节，节日期间沙井以蚝宴款待四方客人，曾创造了一次蚝宴摆40多席，400多人同品蚝菜的壮观场面，造就了一场名副其实的“蚝门盛宴”。

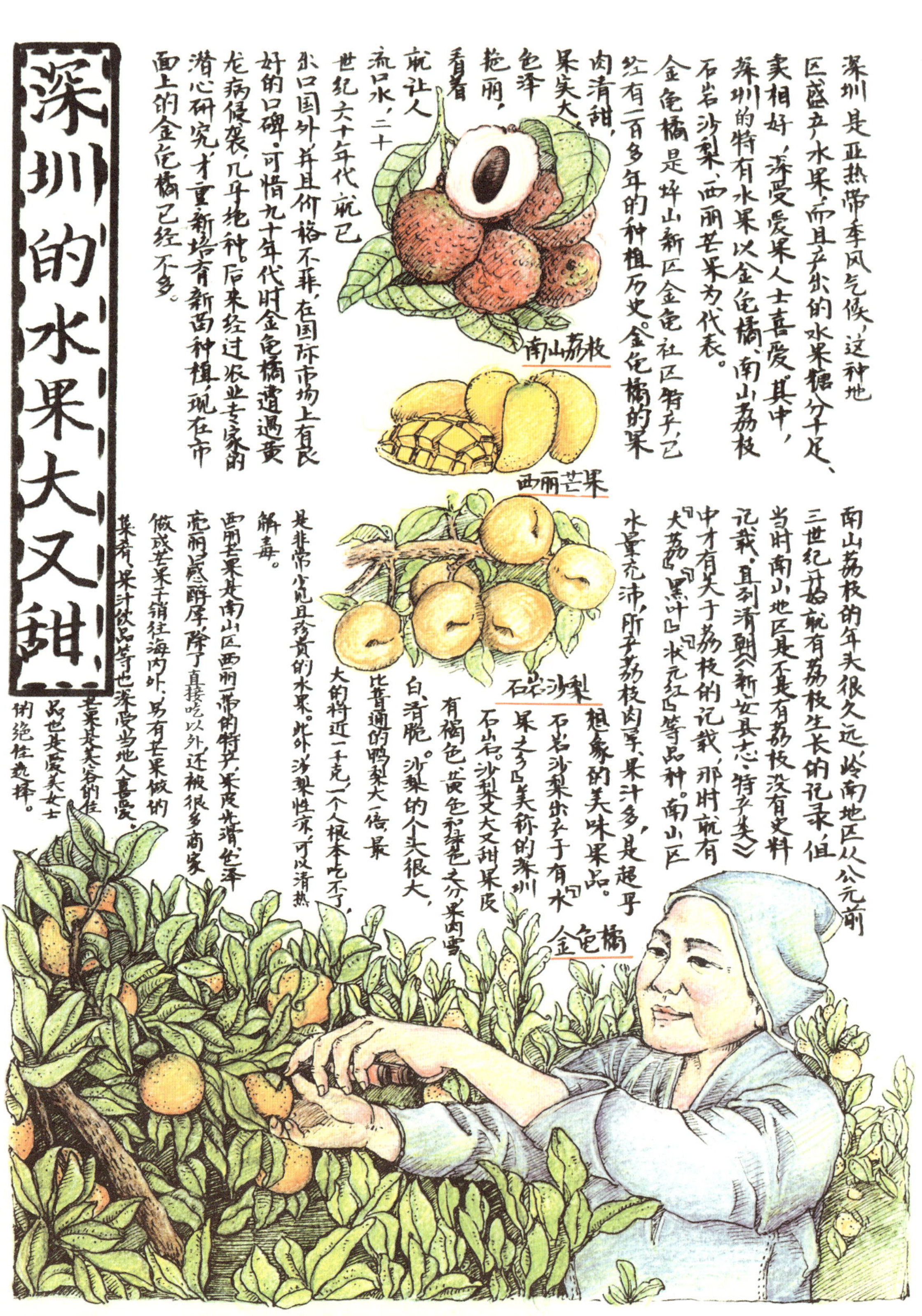

深圳的水果大又甜
深圳是亚热带季风气候，这种地区盛产水果，而且产出的水果糖分十足、美相好，深受爱果人士喜爱。其中，深圳的特有水果以金龟橘、南山荔枝、石岩沙梨、西丽芒果为代表。
金龟橘是坪山新区金龟社区特产，已经有一百多年的种植历史。金龟橘的果肉清甜，果实大，色泽艳丽，看着就让人流口水，二十世纪六十年代就已出口国外，并且价格不菲，在国际市场上有良好的口碑。可惜九十年代时金龟橘遭遇黄龙病侵袭，几乎绝种。后来经过农业专家的潜心研究，才重新培育新苗种植，现在市面上的金龟橘已经不多。
南山荔枝
西丽芒果
石岩沙梨
南山荔枝的年头很久远，岭南地区从公元前三世纪开始就有荔枝生长的记录，但当时南山地区是不是有荔枝没有史料记载，直到清朝《新安县志·特产类》中才有关于荔枝的记载，那时就有『大荔』『黑叶』『状元红』等品种。南山区水量充沛，所产荔枝肉厚、果汁多，是超乎想象的美味果品。
石岩沙梨出产于有『水果之乡』美称的深圳石岩。沙梨又大又甜，果皮有褐色、黄色和绿色之分，果肉雪白，清脆。沙梨的个头很大，比普通的鸭梨大一倍，最大的将近一千克，一个人根本吃不了，是非常少见且珍贵的水果。此外，沙梨性凉，可以清热解毒。
西丽芒果是南山区西丽一带的特产，果皮光滑，色泽亮丽，口感醇厚，除了直接吃以外，还被很多商家做成芒果干销往海内外。另有芒果做的果脯、果汁饮品等也深受当地人喜爱。芒果是美容的佳品，也是爱美女士们绝佳选择。
金龟橘

深圳的水果大又甜

深圳是亚热带季风气候，这种地区盛产水果，而且产出的水果糖分十足、卖相好，深受爱果人士喜爱。其中，深圳的特有水果以金龟橘、南山荔枝、石岩沙梨、西丽芒果为代表。

金龟橘是坪山新区金龟社区的特产，已经有100多年的种植历史。金龟橘的果肉清甜，果实大，色泽艳丽，看着就让人流口水，20世纪60年代就已出口国外，并且价格不菲，在国际市场上有良好的口碑。可惜90年代时金龟橘遭遇黄龙病侵袭，几乎绝种。后来经过农业专家的潜心研究，才重新培育新苗种植，现在市面上的金龟橘已经不多。

南山荔枝的年头很久远，岭南地区从公元前3世纪开始就有荔枝生长的记录，但当时南山地区是不是有荔枝没有史料记载。直到清朝《新安县志·特产类》中才有关于荔枝的记载，那时就有“大荔”“黑叶”“状元红”等品种。南山区水量充沛，所产荔枝肉厚、果汁多，是超乎想象的美味果品。

石岩沙梨出产于有“水果之乡”美称的深圳石岩。沙梨又大又甜，果皮有褐色、黄色和绿色之分，果肉雪白、清脆。沙梨的个头很大，比普通的鸭梨大一倍，最大的将近1000克，一个人根本吃不完，是非常少见且珍贵的水果。此外，沙梨性凉，可以清热解毒。

西丽芒果是南山区西丽一带的特产，果皮光滑，色泽亮丽，口感醇厚，除了直接吃以外，还被很多商家做成芒果干销往海内外；另有芒果做的菜肴、果汁饮品等也深受当地人喜爱。芒果是美容的佳品，也是爱美女士的绝佳选择。

小贴士

挑选芒果的正确方法

1.芒果放在水中，沉下去或者半沉，就基本熟了；

2.芒果切开，核是硬的，肉是黄色的，就是成熟的表现；

3.蒂头处感觉硬实的，按下去有弹性的就是佳品。

此茶只应大鹏有

来深圳游玩的人离开时，总不知有什么特产可以带回家。其实深圳是有特产的，比如这大鹏云雾茶。之所以在一般特产店见不到，是因为这茶只在大鹏有。

原来，大鹏云雾茶只生长在大鹏南澳镇七娘山海拔八百米以上的地方。由于七娘山山高谷深，难以开发，所以大鹏云雾茶的采摘就分外困难。此外，大鹏云雾茶的茶树也比较少，就算你千辛万苦爬到了七娘山的高处，半天下来也采摘不了多少。而且大鹏云雾茶的茶树属于野生茶种，对环境要求极高，也难以进行大面积人工种植。所以，只有喜欢喝茶的本地人才肯费力登山，自己采摘并将其制成茶叶，极少对外销售。也正因如此，大鹏云雾茶被炒到上千元的价格。但即使这样，"好茶不怕巷子深"，前来购买的人还是络绎不绝。

喝茶需要静心。喝大鹏云雾茶尤其能让浮躁的心静下来。传说很久以前，一位四处逍遥的神仙起了尘世之心，总是心神不宁。有一天，他路过大鹏七娘山，见此处云雾缭绕，雨丝风片，又远离尘世，满是悠然恬适之感，顿时看透了之前的幻影，重得心神安宁。神仙对此处十分留恋，但是他既不能把山带走，也不能把云雨带走，就将这饱汲此处天地精华的茶叶采下来放进了口袋。等到心神不宁、情绪躁动的时候，他就拿出大鹏云雾茶泡一壶来喝，顿时心神恢复宁静。所以，这大鹏云雾茶的可贵之处不仅在于稀有、可口，还在于能让人心神俱安。

此茶只应大鹏有

来深圳游玩的人离开时，总不知有什么特产可以带回家。其实深圳是有特产的，比如这大鹏云雾茶。之所以在一般特产店见不到，是因为这茶只在大鹏有。

原来，大鹏云雾茶只生长在大鹏南澳镇七娘山海拔800米以上的地方。由于七娘山山高谷深，难以开发，所以大鹏云雾茶的采摘就分外困难。此外，大鹏云雾茶的茶树也比较少，就算千辛万苦爬到了七娘山的高处，半天下来也采摘不了多少。而且大鹏云雾茶的茶树属于野生茶种，对环境要求极高，也难以进行大面积人工种植。所以，只有喜欢喝茶的本地人才肯费力登山，自己采摘并将其制成茶叶，极少对外销售。也正因如此，大鹏云雾茶被炒到上千元的价格。但即使这样，“好茶不怕巷子深”，前来购买的人还是络绎不绝。

喝茶需要静心。喝大鹏云雾茶尤其能让浮躁的心静下来。传说很久以前，一位四处逍遥的神仙起了尘世之心，总是心神不宁。有一天，他路过大鹏七娘山，见此处云雾缭绕，又远离尘世，满是悠然恬适之感，顿时看透了之前的幻影，重得心神安宁。神仙对此处十分留恋，但是他既不能把山带走，也不能把云雨带走，就将这饱汲此处天地精华的茶叶采下来放进了口袋，等到心神不宁、情绪躁动的时候，就拿出大鹏云雾茶泡一壶来喝，顿时心神恢复宁静。所以，这大鹏云雾茶的可贵之处不仅在于稀有、可口，还在于能让人心神俱安。

果冻是一种产自西方、老少咸宜的休闲食品。改革开放以前，大多数中国人都没吃过果冻。打开国门以后，这种新潮的食品也进入了中国，而走在开放前沿的深圳也就成了果冻行业最好的落脚地。二十世纪九十年代，果冻作坊在深圳遍地开花，但特别有名气，真正做大、做强的果冻企业却还没有。这时候，学食品工程专业的李永军瞧准了果冻市场的发展前景，毅然下海，东拼西借凑够了启动资金跟两个兄弟一起创办了喜之郎果冻厂。有人说"喜之郎"这个名字够另类，让人一听难忘，关于这个名字还有段故事。

李永军最初想要用英文"strong"作为果冻的商标，取其强健、强大之意，又为了在国内便于宣传，"strong"的中文音译也需要朗朗上口。于是，李永军无论吃饭还是睡觉，都在念叨"strong"，被他的母亲听到。母亲耳朵不好，也听不懂英语，就问他："你还没结婚呢，哪来的喜之郎？"母亲这句话点醒了李永军，他迅速拍板，就用"喜之郎"作为品牌名称了！

今天的喜之郎拥有世界最大的果冻生产基地，其成功与注重产品质量的生产理念密不可分。一九九八年，公司有一批价值几十万的白糖原料出现结晶、微黄的现象，虽然离保质期还有三个月，且各项品检指标都正常，但经过公司高管的集体投票，最终决定将这批白糖废弃，就为了维护喜之郎的品牌形象。

"果冻我要喜之郎"是喜之郎的广告词，也是果冻爱好者的真心选择。

果冻我要喜之郎

果冻是一种产自西方、老少咸宜的休闲食品。改革开放以前，大多数中国人都没吃过果冻。打开国门以后，这种新潮的食品也进入了中国，而走在开放前沿的深圳也就成了果冻行业最好的落脚地。20世纪90年代，果冻作坊在深圳遍地开花，但特别有名气，真正做大、做强的果冻企业却还没有。这时候，学食品工程专业的李永军瞧准了果冻市场的发展前景，毅然下海，东拼西借凑够了启动资金，跟两个兄弟一起创办了喜之郎果冻厂。有人说“喜之郎”这个名字够另类，让人一听难忘，关于这个名字还有段故事。

李永军最初想要用英文“strong”作为果冻的商标，取其强健、强大之意，又为了在国内便于宣传，“strong”的中文音译也需要朗朗上口。于是，李永军无论吃饭还是睡觉，都在念叨“strong”，被他的母亲听到。母亲耳朵不好，也听不懂英语，就问他：“你还没结婚呢，哪来的喜之郎？”母亲的这句话点醒了李永军，他迅速拍板，就用“喜之郎”作为品牌名称了！

今天的喜之郎拥有世界最大的果冻生产基地，其成功与注重产品质量的生产理念密不可分。1998年，公司有一批价值几十万元的白糖原料出现结晶、微黄的现象，虽然离过保质期还有3个月，且各项品检指标都正常，但公司高管经过集体投票，一致同意将这批白糖废弃，就为了维护喜之郎的品牌形象。

“果冻我要喜之郎”是喜之郎的广告词，也是果冻爱好者的真心选择。

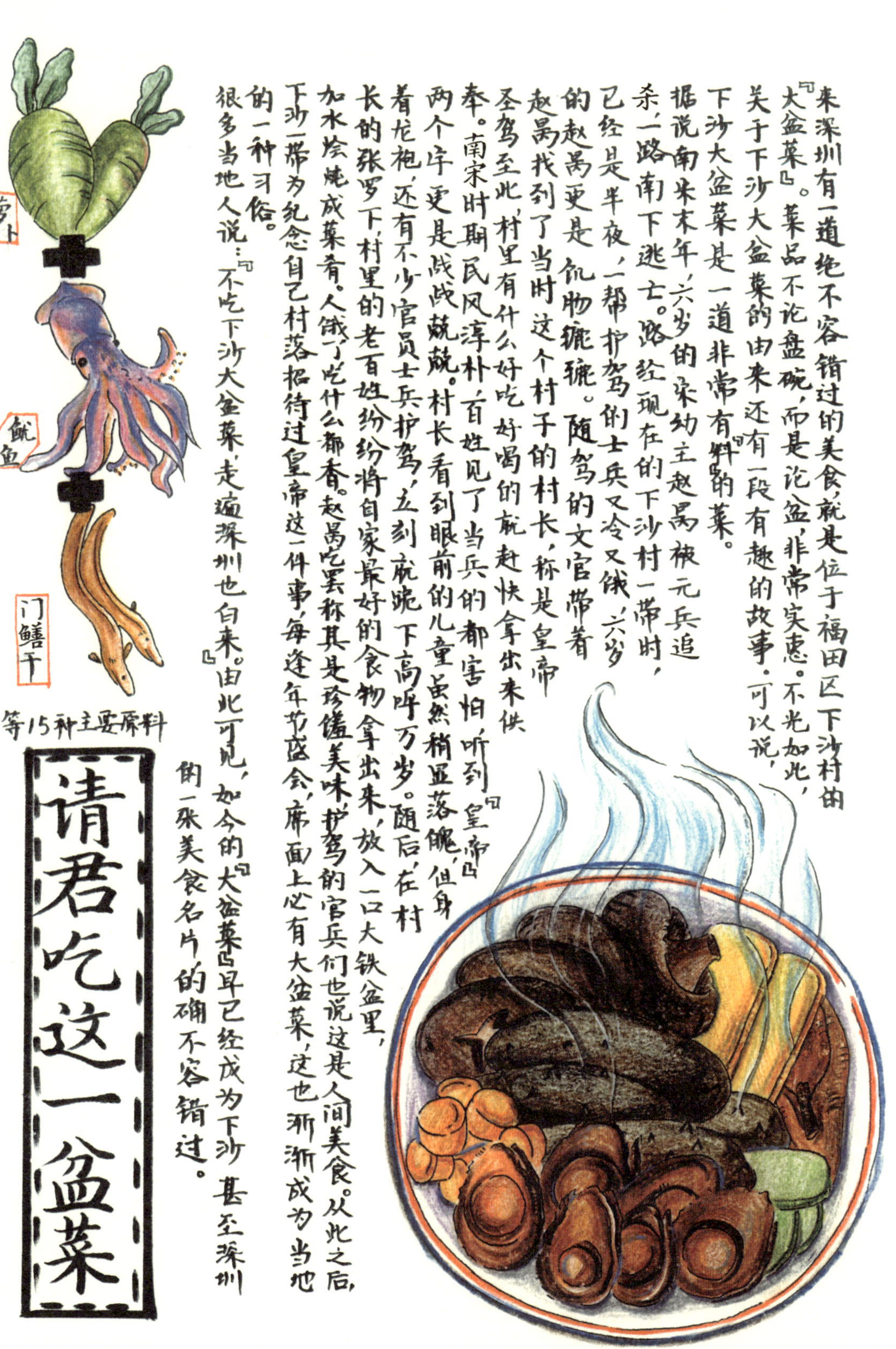
请君吃这一盆菜
来深圳有一道绝不容错过的美食，就是位于福田区下沙村的『大盆菜』。菜品不论盘碗，而是论盆，非常实惠。不光如此，关于下沙大盆菜的由来还有一段有趣的故事。可以说，下沙大盆菜是一道非常有『料』的菜。
据说南宋末年，六岁的宋幼主赵昺被元兵追杀，一路南下逃亡。路经现在的下沙村一带时，已经是半夜，一帮护驾的士兵又冷又饿，六岁的赵昺更是饥肠辘辘。随驾的文官带着赵昺找到了当时这个村子的村长，称是皇帝圣驾至此，村里有什么好吃好喝的就赶快拿出来供奉。南宋时期民风淳朴，百姓见了当兵的都害怕，听到『皇帝』两个字更是战战兢兢。村长看到眼前的儿童虽然稍显落魄，但身着龙袍，还有不少官员士兵护驾，立刻就跪下高呼万岁。随后，在村长的张罗下，村里的老百姓纷纷将自家最好的食物拿出来，放入一口大铁盆里，加水烩炖成菜肴。人饿了吃什么都香。赵昺吃罢称其是珍馐美味，护驾的官兵们也说这是人间美食。从此之后，下沙一带为纪念自己村落招待过皇帝这一件事，每逢年节盛会，席面上必有大盆菜，这也渐渐成为当地的一种习俗。
很多当地人说：『不吃下沙大盆菜，走遍深圳也白来』。由此可见，如今的『大盆菜』早已经成为下沙甚至深圳的一张美食名片的确不容错过。
萝卜
鱿鱼
门鳝干
等15种主要原料

请君吃这一盆菜

来深圳有一道绝不容错过的美食，就是位于福田区下沙村的“大盆菜”。菜品不论盘碗，而是论盆，非常实惠。不光如此，关于下沙大盆菜的由来还有一段有趣的故事。可以说，下沙大盆菜是一道非常有“料”的菜。

据说南宋末年，6岁的宋幼主赵昺被元兵追杀，一路南下逃亡。路经现在的下沙村一带时已经是半夜，一帮护驾的士兵们又冷又饿，6岁的赵昺更是饥肠辘辘。随驾的文官带着赵昺找到了当时这个村子的村长，称是皇帝圣驾至此，村里有什么好吃好喝的就赶快拿出来供奉。南宋时期民风淳朴，百姓见了当兵的都害怕，听到“皇帝”两个字更是战战兢兢。村长看到眼前的儿童虽然稍显落魄，但身着龙袍，还有不少官员士兵护驾，立刻就跪下高呼“万岁”。随后，在村长的张罗下，村里的老百姓纷纷将自家最好的食物拿出来，放入一口大铁盆里，加水烩炖成菜肴。人饿了，吃什么都香。赵昺吃罢称其是珍馐美味，护驾的官兵们也说这是人间美食。从此之后，下沙一带为纪念自己村落招待过皇帝这一事件，每逢年节盛会，席面上必有大盆菜，这也渐渐成为当地的一种习俗。

很多当地人说：“不吃下沙大盆菜，走遍深圳也白来。”由此可见，如今的大盆菜早已经成为下沙甚至深圳的一张美食名片，的确不容错过。

小贴士

1994年，下沙村正式恢复元宵节吃大盆菜的习俗，同时在黄思铭公世祠前举行盆菜宴。

2002年，大盆菜宴创下3800席的吉尼斯世界纪录，上海吉尼斯世界纪录中国总部有关人员当场颁发证书：最大规模民间宴会——大盆菜宴。

2009年，大盆菜入选广东省非物质文化遗产名录。

亡国不是媚珠的错

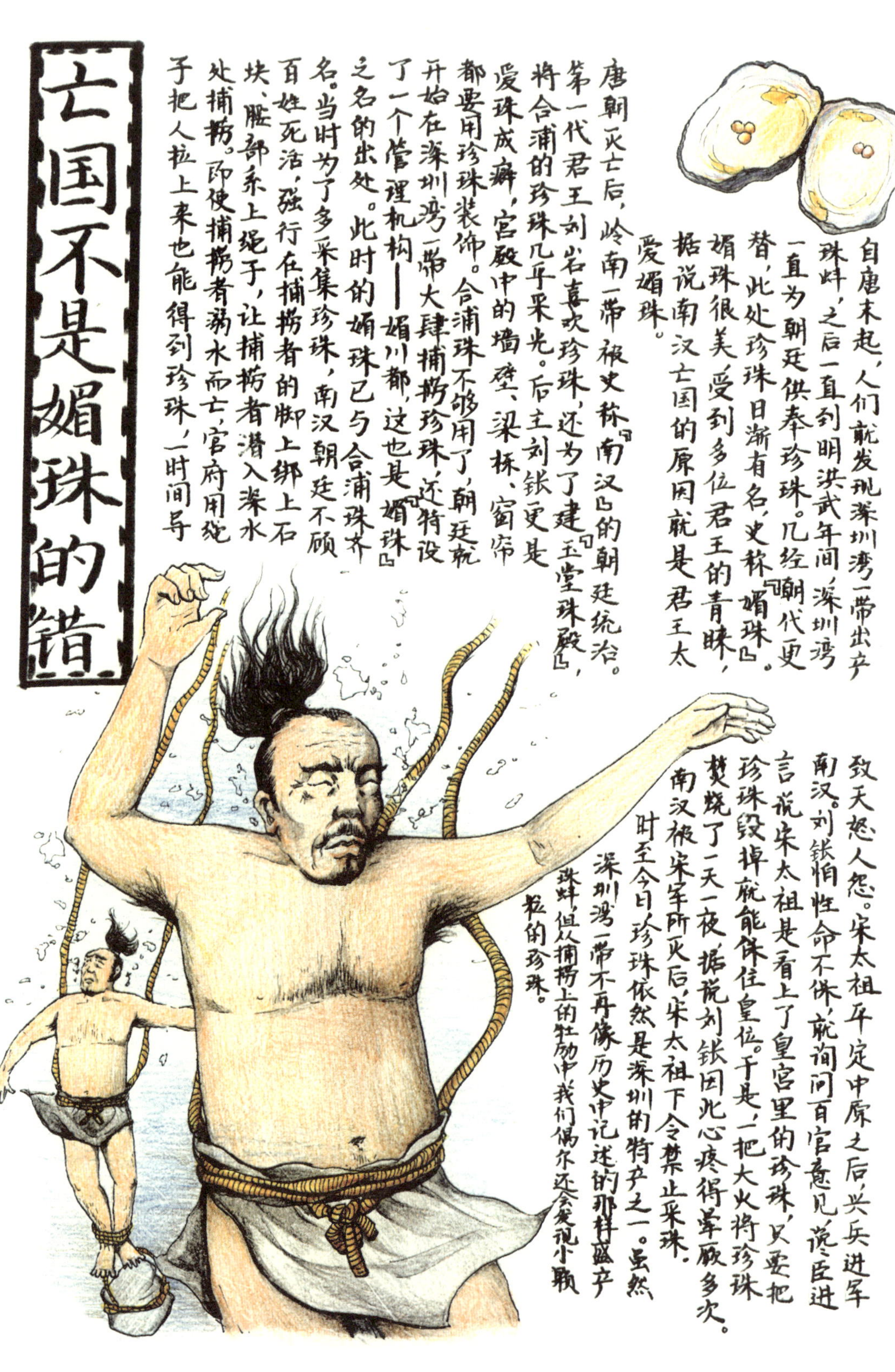

自唐末起，人们就发现深圳湾一带出产珠蚌，之后一直到明洪武年间，深圳湾一直为朝廷供奉珍珠。几经朝代更替，此处珍珠日渐有名，史称『媚珠』。媚珠很美，受到多位君王的青睐，据说南汉亡国的原因就是君王太爱媚珠。

唐朝灭亡后，岭南一带被史称『南汉』的朝廷统治。第一代君王刘岩喜欢珍珠，还为了建『玉堂珠殿』，将合浦的珍珠几乎采光。后主刘𬬮更是爱珠成癖，宫殿中的墙壁、梁栋、窗帘都要用珍珠装饰。合浦珠不够用了，朝廷就开始在深圳湾一带大肆捕捞珍珠，还特设了一个管理机构——媚川都，这也是『媚珠』之名的出处。此时的媚珠已与合浦珠齐名。当时为了多采集珍珠，南汉朝廷不顾百姓死活，强行在捕捞者的脚上绑上石块，腰部系上绳子，让捕捞者潜入深水处捕捞。即使捕捞者溺水而亡，官府用绳子把人拉上来也能得到珍珠，一时间导致天怒人怨。宋太祖平定中原之后，兴兵进军南汉。刘𬬮怕性命不保，就询问百官意见，谗臣进言说宋太祖是看上了皇宫里的珍珠，只要把珍珠毁掉就能保住皇位。于是，一把大火将珍珠焚烧了一天一夜，据说刘𬬮因此心疼得晕厥多次。南汉被宋军所灭后，宋太祖下令禁止采珠。

时至今日，珍珠依然是深圳的特产之一。虽然深圳湾一带不再像历史中记述的那样盛产珠蚌，但从捕捞上的牡蛎中我们偶尔还会发现小颗粒的珍珠。

亡国不是媚珠的错

自唐末起，人们就发现深圳湾一带出产珠蚌，之后一直到明洪武年间，深圳湾一直为朝廷供奉珍珠。几经朝代更替，此处珍珠日渐有名，史称“媚珠”。媚珠很美，受到多位君王的青睐，据说南汉亡国的原因就是君王太爱媚珠。

唐朝灭亡后，岭南一带被史称“南汉”的朝廷统治。第一代君王刘岩喜欢珍珠，还为了建“玉堂珠殿”，将合浦的珍珠几乎采光。后主刘𬬮更是爱珠成癖，宫殿中的墙壁、梁栋、窗帘都要用珍珠装饰。合浦珠不够用了，朝廷就开始在深圳湾一带大肆捕捞珍珠，还特设了一个管理机构——媚川都，这也是“媚珠”之名的出处。此时的媚珠已与合浦珠齐名。当时为了多采集珍珠，南汉朝廷不顾百姓死活，强行在捕捞者的脚上绑上石块，腰部系上绳子，让捕捞者潜入深水处捕捞，这样即使捕捞者溺水而亡，官府用绳子把人拉上来也能得到珍珠，一时间天怒人怨。宋太祖平定中原之后，兴兵进军南汉。刘𬬮怕性命不保，就询问百官意见。谗臣进言说宋太祖是看上了皇宫里的珍珠，只要把珍珠毁掉就能保住皇位。于是，一把大火将珍珠焚烧了一天一夜，据说刘𬬮因此心疼得晕厥多次。南汉被宋军所灭后，宋太祖下令禁止采珠。

时至今日，珍珠依然是深圳的特产之一。虽然深圳湾一带不再像历史中记述的那样盛产珠蚌，但从捕捞上的牡蛎中，我们偶尔还会发现小颗粒的珍珠。

客家凉帽不再遮阳

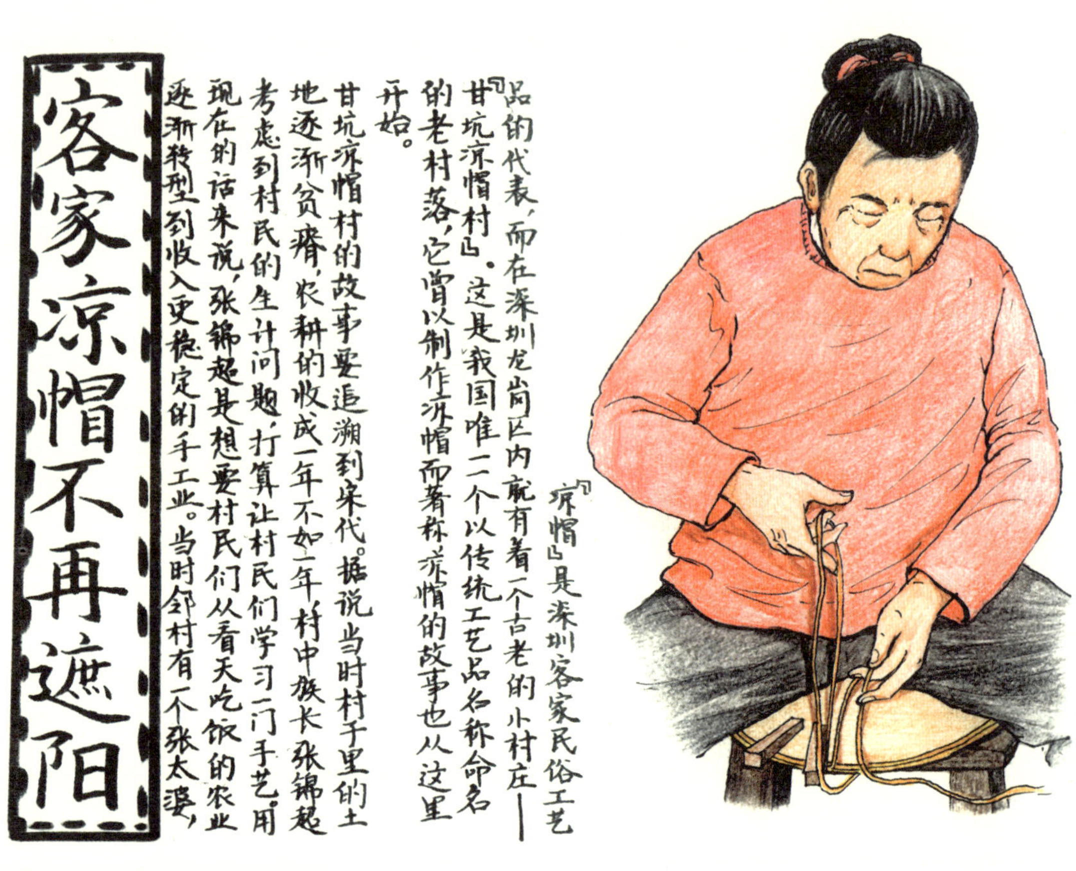

「凉帽」是深圳客家民俗工艺品的代表，而在深圳龙岗区内就有着一个古老的小村庄——「甘坑凉帽村」。这是我国唯一一个以传统工艺品名称命名的老村落，它曾以制作凉帽而著称，凉帽的故事也从这里开始。

甘坑凉帽村的故事要追溯到宋代。据说当时村子里的土地逐渐贫瘠，农耕的收成一年不如一年，村中族长张锦超考虑到村民的生计问题，打算让村民们学习一门手艺，用现在的话来说，张锦超是想要村民们从看天吃饭的农业逐渐转型到收入更稳定的手工业。当时邻村有一个张太婆，祖籍福建沿海，家传编织、凉帽的手艺十分了得。张锦超想要拜张太婆为师，可张太婆脾气倔强，连番几次都拒绝了他。一次，张太婆病急，恰巧张锦超在观澜墟，等回到村里知道张太婆病情已经是半夜了。张锦超不顾夜黑，连忙上山采药，随后悉心照料张太婆，而且承诺即使张太婆不传授他凉帽的编织手艺，也将其视作母亲照顾到底。张太婆感动之余也不愿手艺失传，于是就将这门编织手艺传给了张锦超。张锦超学会后便教会整个村子的百姓编织凉帽。一时间，全村家家户户靠出售凉帽过上了好日子，村子也从此改名「凉帽村」。

二〇〇六年，「客家凉帽编织技艺」成为深圳市第一批市级非物质文化遗产。曾用来遮阳的帽子成了艺术品，编织手艺也能够得到传承。

一顶凉帽再次成为时尚出现在深圳的大街小巷，更有许多当地「土著」为游客讲述着凉帽的故事。

客家凉帽不再遮阳

“凉帽”是深圳客家民俗工艺品的代表，而在深圳龙岗区内就有着一个古老的小村庄——“甘坑凉帽村”。这是我国唯一一个以传统工艺品名称命名的老村落，它曾以制作凉帽而著称，凉帽的故事也从这里开始。

甘坑凉帽村的故事要追溯到宋代。据说当时村子里的土地逐渐贫瘠，农耕的收成一年不如一年，村中族长张锦超考虑到村民的生计问题，打算让村民们学习一门手艺。用现在的话来说，张锦超是想要村民们从看天吃饭的农业逐渐转型到收入更稳定的手工业。当时邻村有一个张太婆，祖籍福建沿海，家传编织凉帽的手艺十分了得。张锦超想要拜张太婆为师，可张太婆脾气倔强，连番几次都拒绝了他。一次，张太婆病急，恰巧张锦超在观澜墟，等回到村里知道张太婆的病情已经是半夜了。张锦超不顾夜黑，连忙上山采药，随后悉心照料张太婆，而且承诺即使张太婆不传授他凉帽的编织手艺，也将其视作母亲照顾到底。张太婆感动之余也不愿手艺失传，于是就将这门编织手艺传给了张锦超。张锦超学会后，便教会整个村子的百姓编织凉帽。一时间，全村家家户户靠出售凉帽过上了好日子，村子也从此改名“凉帽村”。

2006年，“客家凉帽编织技艺”成为深圳市第一批市级非物质文化遗产。曾用来遮阳的帽子成了艺术品，编织手艺也能够得到传承。一顶顶凉帽再次成为时尚出现在深圳的大街小巷，更有许多当地土著为游客讲述着凉帽的故事。

小贴士

凉帽系带的颜色和意义

1.女孩（未到婚配年龄）：白色
2.少女（到达婚配年龄）：彩色
3.少妇：红色、粉红
4.中年妇人：青色、蓝色
5.老年妇人：黑色

一场红树引发的市树之争

红树不是一种树，它是生长在热带、亚热带海岸潮间带淤泥上的木本植物群落的统称。红树也不是红色的树，只因为它被砍伐后氧化变成红色，所以叫「红树」。别看红树的生长范围很小，却成功地引起了一场市树之争。

原来，一九八六年的时候，深圳选出了荔枝树作为市树，当选理由是荔枝树的经济价值与当时深圳的经济发展理念相符。但是随着深圳的发展荔枝树的市树身份遭到了质疑。二〇〇六年，三位市政协委员联名发起了「将红树确定为深圳市树」的倡议。「反荔派」认为荔枝不具有产地独特性，比如深圳周边的广州增城出产的「增城挂绿」（荔枝树的一种）就十分有名，但是广州的市树是伟岸挺拔的「英雄树」木棉，不是荔枝树。这也说明荔枝树的主要价值是果实，是经济价值，而不是树木本身的精神内涵，所以不宜作为市树。

相反，红树跟荔枝树不一样，它生长在陆地生态系统与海洋生态系统过渡带的一类特殊生态系统——湿地，与其他湿地植物一起构成城市的「天然绿肺」，也为野生动植物提供了「避难所」，更是构成了濒危物种的「基因库」。除此之外，红树还能抵御台风、海啸，净化污水，降解废物，虽然没有直接经济价值，但却一直默默付出，为人类和其他生物无私奉献，为深圳的环保事业作出了一份贡献。如果说量多高产的荔枝树代表着「速度深圳」的辉煌，那么红树则象征了「质量深圳」的发展方向。

随着城市的发展，深圳越来越注重生态文明的「质量」发展，也有必要选择一个更有代表性的树种予以补充和完善。于是，深圳市政府决定将红树和荔枝树并列作为市树。

大弹涂鱼

福田红树林
自然保护区

一场红树引发的市树之争

红树不是一种树，它是生长在热带、亚热带海岸潮间带滩涂上的木本植物群落的统称。红树也不是红色的树，只因为它被砍伐后氧化变成红色，所以叫“红树”。别看红树的生长范围很小，却成功地引起了一场市树之争。

原来，1986年的时候，深圳选出了荔枝树作为市树，当选理由是荔枝树的经济价值与当时深圳的经济发展理念相符。但是随着深圳的发展，荔枝树的市树身份遭到了质疑。2006年，三位市政协委员联名发起了“将红树确定为深圳市树”的倡议。“反荔派”认为，荔枝树不具有产地独特性，比如深圳周边的广州增城，出产的“增城挂绿”（荔枝树的一种）就十分有名，但是广州的市树是伟岸挺拔的“英雄树”木棉，不是荔枝树。这也说明，荔枝树的主要价值是果实，是经济价值，而不是树木本身的精神内涵，所以不宜作为市树。

相反，红树跟荔枝树不一样，它生长在陆地生态系统与海洋生态系统过渡带的一类特殊生态系统——湿地上，与其他湿地植物一起构成城市的“天然绿肺”，也为野生动植物提供了“避难所”，更是构成了濒危物种的“基因库”。除此之外，红树还能抵御台风、海啸，净化污水，降解废物，虽然没有直接经济价值，但却一直默默付出，为人类和其他生物无私奉献，为深圳的环保事业作出了一份贡献。如果说量多高产的荔枝树代表着“速度深圳”的辉煌，那么红树则象征了“质量深圳”的发展方向。

随着城市的发展，深圳越来越注重生态文明的“质量”发展，也有必要选择一个更有代表性的树种予以补充和完善，于是，深圳市政府决定将红树和荔枝树并列作为市树。

水贝——中国珠宝第一村
如果你跟深圳人说想去水贝，很多人在热心指路之后都会笑呵呵地问："什么时候办好事呀？要买黄金还是钻石？"因为水贝作为"中国珠宝第一村"，很多人去那儿都是为了买嫁娶首饰。
深圳作为中国珠宝黄金业的核心基地，黄金饰品产量占中国市场的百分之六十，而从广为流传的"中国珠宝看深圳，深圳珠宝看水贝"这句话中，我们又不难看出水贝在珠宝界的分量。所以来到水贝，你一定会被大街小巷鳞次栉比的黄金珠宝首饰店，摩肩接踵的顾客所营造的繁荣景象惊呆。每到春节临近，大批外地人回家过年前也会去水贝买些黄金珠宝作为回家送人的礼品。在快速发展的同时，深圳水贝也受到"山寨"问题困扰。你在水贝逛一圈就能发现很多店里的珠宝样式都很相似，而且珠宝店的名字也很"山寨"。周大福、周生生的品牌响亮，紧接着就出现了周六福、周生福、周大金、周金生、周大发等众多"周家"系列品牌，"金六福珠宝卖得好，金大福、正大福、六福等"福娃"紧跟着横空出世。水贝的珠宝首饰从样式到品牌简直是"有人模仿我的脸，还有人模仿我的面"。这种缺乏创新的山寨、雷同势必会让水贝失去吸引力。
因此，水贝也在努力改变，加强创新，远离山寨。希望水贝能一直这么热闹下去，希望不管有什么需求的人，都能在这里找到满意的黄金珠宝。
珠宝
珠宝玉器
黄金
黄金珠宝
珠宝
批发
玉器批发

水贝——中国珠宝第一村

如果你跟深圳人说想去水贝，很多人在热心指路之后都会笑呵呵地问："什么时候办好事呀？要买黄金还是钻石？"因为水贝作为"中国珠宝第一村"，很多人去那儿都是为了买嫁娶首饰。

深圳作为中国珠宝黄金业的核心基地，黄金饰品产量占中国市场的60%，而从广为流传的"中国珠宝看深圳，深圳珠宝看水贝"这句话中，我们又不难看出水贝在珠宝界的分量。所以来到水贝，你一定会被大街小巷鳞次栉比的黄金珠宝首饰店、摩肩接踵的顾客所营造的繁荣景象惊呆。每到春节临近，大批外地人回家过年前也会去水贝买些黄金珠宝作为回家送人的礼品。

在快速发展的同时，深圳水贝也受到"山寨"问题困扰。在水贝逛一圈就能发现，很多店里的珠宝样式都很相似，而且珠宝店的名字也很"山寨"。周大福、周生生的品牌响亮，紧接着就出现了周六福、周生福、周大金、周金生、周大发等众多"周家"系列品牌；金六福珠宝卖得好，金大福、正大福、六福等"福娃"紧跟着横空出世。水贝的珠宝首饰从样式到品牌，简直是"有人模仿我的脸，还有人模仿我的面"。这种缺乏创新的"山寨"、雷同势必会让水贝失去吸引力。因此，水贝也在努力改变，加强创新。希望水贝能一直这么热闹下去，希望不管有什么需求的人，都能在这里找到满意的黄金珠宝。

深圳是座年轻的城市，许多慕名而来的游客玩得开心，走的时候却不知道该带什么手信给亲朋好友。深圳有港澳特产、外国特产，但叫得响的本地货却很少，当地人想给别人送点『土特产』都只能去香港买，这对于深圳来说甚是尴尬。久而久之，深圳人觉得面上无光，于是，就酝酿出了『牛标』。

『牛标』是深圳零售商业行业协会用了四年时间打造的本土标志，即从深圳八大优势产业中选出有品质有口碑、有内容的产品，贴上『牛标』作为向游客推荐的手信首选。有牛标的产品品类很多，比如赛珍珠、自然派鸭三宝、林松青牌味神纳豆酱油、十三姨深圳手信礼盒等。

『牛标』是效仿香港的『优』字标志。在香港购物的时候，我们偶尔会见到贴有『优』字标志的店铺。标签虽小，但分量很重，凡是贴了这个标签的商家都是受到香港旅游局认可的诚信店铺，自然客似云来，生意兴隆。于是，深圳也学习了这种做法，选择在市民中口碑好、价格公道的商品贴上橘黄色的『牛标』，以便于顾客选择。

牛标品牌是综合专家意见、市民网络投票和媒体舆论口碑三方意见评选出来的，具有权威性，其中市民微博、微信投票就超过了两千万。二〇一五年，第一批被选为『牛标』产品的十六种商品都取得了不错的销售成绩。针对来深游客的不同需求，推出针对性产品的销售策略，确实为深圳旅游业创造了经济增长点。

深圳“牛标”手信

深圳是座年轻的城市，许多慕名而来的游客玩得开心，走的时候却不知道该带什么手信给亲朋好友。深圳有港澳特产、外国特产，但叫得响的本地货却很少，当地人想给别人送点“土特产”都只能去香港买，这对于深圳来说甚是尴尬。久而久之，深圳人觉得面上无光，于是，就酝酿出了“牛标”。

“牛标”是深圳零售商业行业协会用了四年时间打造的本土标志，即从深圳八大优势产业中选出有品质、有口碑、有内容的产品，贴上“牛标”，作为向游客推荐的手信首选。有“牛标”的产品品类很多，比如赛珍珠、自然派鸭三宝、林松青牌味神纳豆酱油、十三姨深圳手信礼盒等。

“牛标”是效仿香港的“优”字标志。在香港购物的时候，我们偶尔会见到贴有“优”字标志的店铺。标签虽小，但分量很重，凡是贴了这个标签的商家都是受到香港旅游局认可的诚信店铺，自然客似云来，生意兴隆。于是，深圳也学习了这种做法，选择口碑良好、价格公道的商品贴上橘黄色的“牛标”，以便于顾客选择。

“牛标”品牌是综合专家意见、市民网络投票和媒体舆论口碑三方意见评选出来的，具有权威性，其中市民微博、微信投票就超过了2000万。2015年，第一批被选为“牛标”产品的16种商品都取得了不错的销售成绩。针对来深游客的不同需求推出针对性产品的销售策略确实为深圳旅游业创造了经济增长点。

小贴士

手信，即伴手礼，它并非专指贵重的礼品，而是突出当地的传统人文价值，讲究携带方便、轻巧，具有当地文化特色，又能讨得亲人朋友的欢心。手信不在于贵，而在于心，一份情意，一份真诚，代表对亲人朋友的祝福，表达着对亲人朋友的关心。

第五章
深圳情趣

大鹏话，大鹏军队里的普通话

很多去过大鹏所城的人，都会被当地方言难倒。因为他们说的话有点像客家话，又有点像粤语，有时候还掺杂着一些北方方言，你能听到一些熟悉的字眼，但是又不明白他们在说什么。这种奇怪的方言，就是大鹏话。

原来，明朝建立以后，开国皇帝朱元璋在总结了历代军事建制与边防屯守的经验教训后，决定创立“卫所”制度，并在一三九四年设立大鹏守御千户所作为防倭、防盗的沿海军事城池，以抵抗外侮。建城之初，驻守在大鹏的士兵多是就近从广东各地招募来的，说的是粤语和客家话，而军官基本上都是朝廷派来的北方人，官兵之间根本无法沟通，打仗的时候就很可能耽误事。所以双方尝试用对方听得懂的语言去沟通，比如一个词儿哪种说法能听懂的人多，就用哪种。久而久之，这里就形成了掺杂着粤语、客家话、当地方言和北方方言的“军内普通话”。

这种方言每个人都会一点，不至于陌生，学起来没有太多距离感，而且还能保留各种方言中的一些话语，成为语言中的“活化石”，非常有意思。

这种军队里的“普通话”，在明朝很多军事卫所屯田的地方都形成过，但随着时光变幻，大部分已经消失，大鹏话能保存到今天并一直被当地居民使用，是十分幸运的。有兴趣的人可以去听一听，找找那里面有没有你的乡音。

大鹏话，大鹏军队里的普通话

很多去过大鹏所城的人，都会被当地的方言难倒。因为他们说的话有点像客家话，又有点像粤语，有时候还掺杂着一些北方方言。你能听到一些熟悉的字眼，但是又不明白他们在说什么。这种奇怪的方言，就是大鹏话。

原来，明朝建立以后，开国皇帝朱元璋在总结了历代军事建制与边防屯守的经验教训后，决定创立“卫所”制度，并在1394年设立大鹏守御千户所，作为防倭、防盗的沿海军事城池，以抵抗外侮。建城之初，驻守在大鹏的士兵多是就近从广东各地招募来的，说的是粤语和客家话，而军官基本上都是朝廷派来的北方人，官兵之间根本无法沟通。军队里无法沟通，打仗的时候就很可能耽误事。所以双方尝试着用对方听得懂的语言去沟通，比如一个词，哪种说法能听懂的人多，就用哪种。久而久之，这里就形成了掺杂着粤语、客家话、当地方言和北方方言的军内“普通话”。

这种方言每个人都会一点，不至于陌生，学起来没有太多距离感，而且还能保留各种方言，成为语言中的“活化石”，非常有意思。

这种军队里的“普通话”，在明朝很多军事卫所屯田的地方都形成过，但随着时光变幻，大部分已经消失，大鹏话能保存到今天并一直被当地居民使用，是十分幸运的。有兴趣的人可以去听一听，找找那里面有没有你的乡音。

小贴士

大鹏话中，“日头”的发音类似“意头”，与东北方言的发音基本一样。

大鹏话说“不像”，其中“像”字念qiàng，而陕南话也是这么发音的。

大鹏话管“明天”叫“明早”，而关于“明天”，北方话念“明早”，客家话念“晨朝日”，普通话为“明天”，广州话则是“天日”。大鹏话念“明早”，明显是受北方方言影响所致。

大鹏？莲花？狮子？孺子牛！

在关于深圳的宣传画上，城市雕塑“孺子牛”的出镜率非常高。而关于这尊雕像，还有一段趣闻。

一九八〇年，深圳特区成立之初，市领导希望能在市委大院内建个体现特区精神的雕塑。有人就说，深圳又叫“鹏城”，雕一只大鹏鸟，既有深圳特色，又有“一飞冲天”的寓意。但是雕塑家潘鹤认为，深圳发展迅速，很快就会高楼林立，到时候“大鹏”被放在高楼林立的市中心，岂不像被关进了鸟笼？所以这个方案被否决了。一九八三年夏天，又有人提出做个莲花喷水池，理由是改革开放后，深圳长期和资本主义国家打交道，一定要做到“出淤泥而不染”。但这个方案随即又被否决了，原因是“淤泥”二字到底是指西方国家、香港，还是资本主义呢？况且搞改革，要与外界合作，却将外界称为“淤泥”也不妥当。后来又有人提议雕个狮子，因为中南海门前就是狮子。但因为中南海门前的石狮子是明清两朝遗物，模仿不来，所以也被否决了。

事情好像陷入僵局，直到不久后的一天，雕塑家潘鹤突然想到，深圳特区在改革开放后，从无到有，全靠大家像牛一样埋头苦干。又偶然看到两块老树根，联想到革命虽然将中国的封建大树砍掉了，但一些糟粕观念还在，而搞特区就是要拔掉这些“劣根”，于是潘鹤就要创作一头拔树根的老牛的形象。终于在一九八四年，象征深圳精神的雕塑——孺子牛完成。雕塑起初被命名为“开荒牛”，但考虑到“荒”总有开完的“一天”，最后取鲁迅的“俯首甘为孺子牛”之意，定名“孺子牛”，以示“为人民服务”。

大鹏？莲花？狮子？孺子牛！

在关于深圳的宣传画上，城市雕塑“孺子牛”的出镜率非常高。而关于这尊雕像，还有一段趣闻。

1980年，深圳特区成立之初，市领导希望能在市委大院内建个体现特区精神的雕塑。有人就说，深圳又叫“鹏城”，雕一只大鹏鸟，既有深圳特色，又有“一飞冲天”的寓意。但是雕塑家潘鹤认为，深圳发展迅速，很快就会高楼林立，到时候“大鹏”被放在高楼林立的市中心，岂不像被关进了鸟笼？所以这个方案被否决了。1983年夏天，又有人提出做个莲花喷水池，理由是改革开放后，深圳长期和资本主义国家打交道，一定要做到“出淤泥而不染”。但这个方案随即又被否决了，原因是“淤泥”二字到底是指西方国家、中国香港，还是资本主义呢？况且搞改革，要与外界合作，却将外界称为“淤泥”，也不妥当。后来又有人提议雕个狮子，因为中南海门前就是狮子。但因为中南海门前的石狮子是明清两朝遗物，模仿不来，所以也被否决了。

事情好像陷入僵局，直到不久后的一天，雕塑家潘鹤突然想到，深圳特区在改革开放后，从无到有，全靠大家像牛一样埋头苦干；又偶然看到两块老树根，联想到革命虽然将中国的封建大树砍掉了，但一些糟粕观念还在，而搞特区就是要拔掉这些“劣根”，于是潘鹤就想创作一头拔树根的老牛的形象。终于在1984年，象征深圳精神的雕塑——孺子牛完成。

雕塑起初被命名为“开荒牛”，但考虑到“荒总有开完的一天”，最后取鲁迅的“俯首甘为孺子牛”之意，定名“孺子牛”，以示“为人民服务”。

小贴士

起初，孺子牛雕塑被放在市委大院里，但是因为跑进来和孺子牛合影的市民太多了，到1999年，市委将孺子牛迁到了大院大门口，还将围墙后移10米，为市民再献一块绿地，方便大家和孺子牛雕塑拍照。

为什么说深圳曾是『小渔村』?

从深圳作为特区崛起的那一天起，『深圳曾是个小渔村』的说法便传播开来，渐渐地被人们所了解，似乎只有从小渔村到国际化大都市的蜕变才能说明深圳的发展之快。至于深圳到底是否是渔村，深圳本地人是否都是渔民，没有人深究过。直到人民网发表的《见证深圳二十五年》给出了答案：这个『小渔村』，就是现在罗湖区的渔民村。

渔民村是个城中村，村里的居民原本都是漂泊在东莞附近以捕鱼为生的渔民。他们大都一家几口人生活在狭窄的渔船上，生活艰难，被称为『水流柴』。新中国成立初期，政府鼓励渔民上岸，这些渔民便在岸上搭起草棚，挖了鱼塘，之后逐渐形成小村落。虽然日子依然清苦，但好歹有了固定的居所。后来，渔民村人凭借毗邻香港的区域优势，组建起了运输队，发展养殖业，逐渐富了起来。到一九八一年，全村三十五户，户年均收入10588元，家家建起了小洋楼，成为全国第一个『万元户村』。渔民村的故事惊动了邓小平，一九八四年，邓小平来到渔民村考察，肯定了渔民村的发展模式。

在农村城市化改造过程中，渔民村『村民』变『市民』，村庄变社区，组建起了『渔丰实业股份有限公司』，过起了现代化的生活。由于外来人口增多，这里出现了房屋私改问题，造成不少安全隐患和环境污染。村民们便主动找到公司董事会，要求重建渔民村，并且不要国家一分钱。

现在的渔民村，环境整洁，公共设施齐全，家家富足，成为深圳改革开放以来巨大变迁的一个缩影。

为什么说深圳曾是“小渔村”？

从深圳作为特区崛起的那一天起，“深圳曾是个小渔村”的说法便传播开来，渐渐被人们所了解，似乎只有从小渔村到国际化大都市的蜕变才能说明深圳的发展之快。至于深圳到底是否是渔村，深圳本地人是否都是渔民，没有人深究过。直到人民网发表的《见证深圳25年》给出了答案：“这个‘小渔村’，就是现在罗湖区的渔民村。”

渔民村是个城中村，村里的居民原本都是漂泊在东莞附近、以捕鱼为生的渔民。他们大都一家几口人生活在狭窄的渔船上，生活艰难，被称为“水流柴”。中华人民共和国成立初期，政府鼓励渔民上岸，这些渔民便在岸上搭起草棚、辟了鱼塘，之后逐渐形成小村落。虽然日子依然清苦，但好歹有了固定的居所。后来，渔民村人凭借毗邻香港的区域优势，组建起了运输队，发展养殖业，逐渐富了起来。到1981年，全村35户，户年均收入10588元，家家建起了小洋楼，成为全国第一个“万元户村”。渔民村的故事惊动了邓小平，1984年，邓小平来到渔民村考察，肯定了渔民村的发展模式。

在农村城市化改造的过程中，渔民村“村民”变“市民”，村庄变社区，组建起了“渔丰实业股份有限公司”，过起了现代化的生活。由于外来人口增多，这里出现了房屋私改的问题，造成不少安全隐患和环境污染。村民们便主动找到公司董事会，要求重建渔民村，并且不要国家一分钱。

现在的渔民村，环境整洁，公共设施齐全，家家富足，成为深圳改革开放以来巨大变迁的一个缩影。

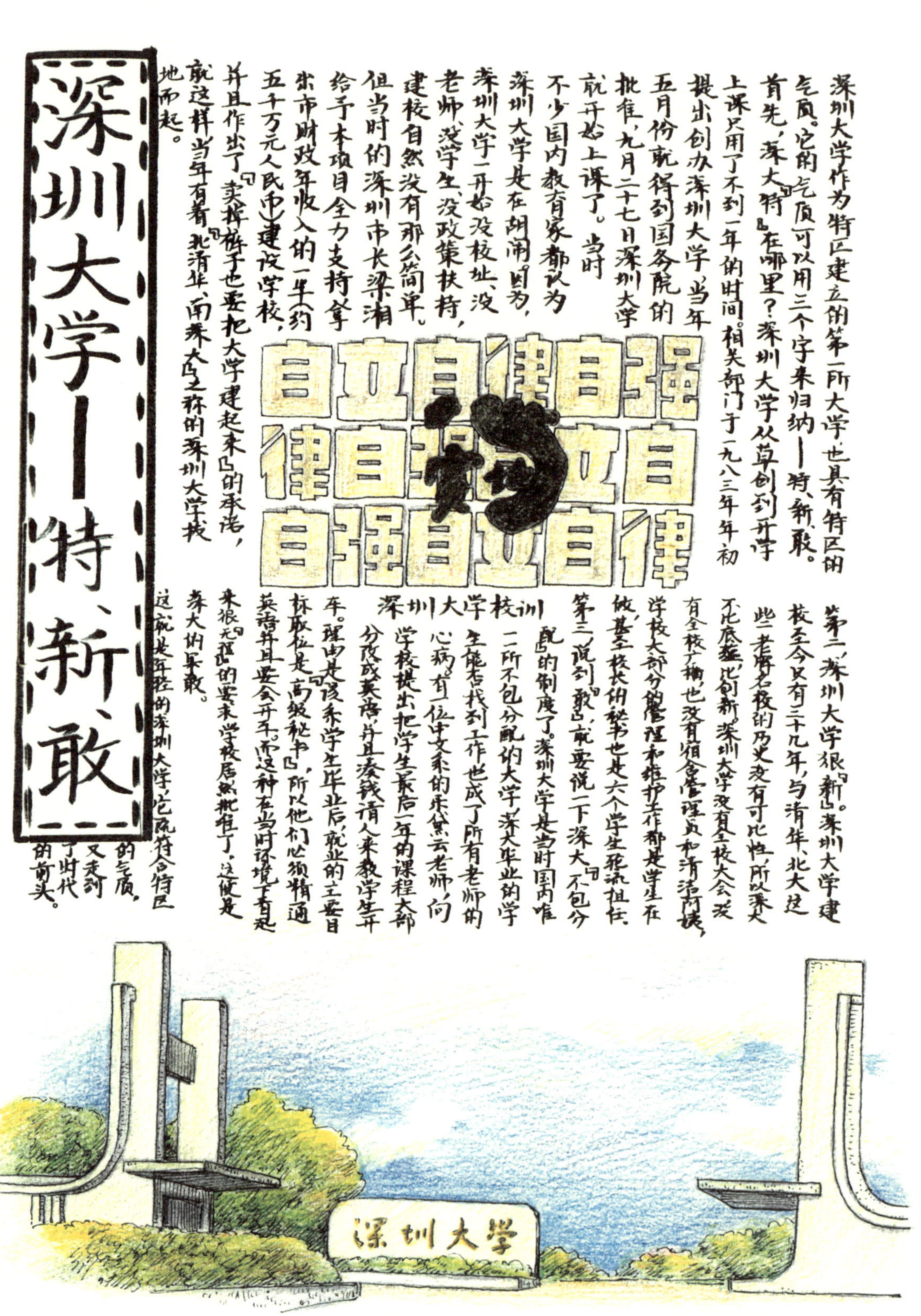
深圳大学——特、新、敢
深圳大学作为特区建立的第一所大学，也具有特区的气质。它的气质可以用三个字来归纳——特、新、敢。
首先，深大"特"在哪里？深圳大学从草创到开学上课只用了不到一年的时间。相关部门于一九八三年年初提出创办深圳大学，当年五月份就得到国务院的批准，九月二十七日深圳大学就开始上课了。当时不少国内教育家都认为深圳大学是在胡闹，因为，深圳大学一开始没校址、没老师、没学生、没政策扶持，建校自然没有那么简单。但当时的深圳市长梁湘给予本项目全力支持，拿出市财政年收入的一半，约五千万元人民币，建设学校，并且作出了"卖掉裤子也要把大学建起来"的承诺，就这样，当年有着"北清华、南深大"之称的深圳大学拔地而起。
深圳大学校训
第二，深圳大学很"新"。深圳大学建校至今只有三十几年，与清华、北大这些老牌名校的历史没有可比性，所以深大不比底蕴，比创新。深圳大学没有全校大会，没有全校广播，也没有宿舍管理员和清洁阿姨，学校大部分的管理和维护工作都是学生在做，甚至校长的秘书也是六个学生轮流担任。
第三，说到"敢"，就要说一下深大"不包分配"的制度了。深圳大学是当时国内唯一一所不包分配的大学，深大毕业的学生能否找到工作也成了所有老师的心病。有一位中文系的乐黛云老师向学校提出把学生最后一年的课程大部分改成英语，并且凑钱请人来教学生开车。理由是该系学生毕业后，就业的主要目标职位是"高级秘书"，所以他们必须精通英语并且要会开车。而这种在当时环境下看起来很"无理"的要求学校居然批准了。这便是深大的果敢。
这就是年轻的深圳大学，它既符合特区的气质，又走到了时代的前头。
深圳大学

深圳大学——特、新、敢

深圳大学作为特区建立的第一所大学，也具有特区的气质。它的气质可以用三个字来归纳——特、新、敢。

首先，深大“特”在哪里？深圳大学从草创到开学上课只用了不到一年的时间。相关部门于1983年年初提出创办深圳大学，当年5月就得到国务院的批准，9月27日深圳大学就开始上课了。当时，不少国内教育家都认为深圳大学是在胡闹。因为深圳大学一开始没校址、没老师、没学生，建校自然没有那么简单。但当时的深圳市长梁湘给予本项目全力支持，拿出市财政年收入的一半建设学校，并且作出了“卖掉裤子也要把大学建起来”的承诺，就这样，当年有着“北清华、南深大”之称的深圳大学拔地而起。

第二，深圳大学很“新”。深圳大学建校至今只有三十几年，与清华、北大这些老牌名校的历史没有可比性，所以深大不比底蕴，比创新。刚成立时，深圳大学没有全校大会，没有全校广播，也没有宿舍管理员和清洁阿姨，学校大部分的管理和维护工作都是学生在做，甚至校长的秘书也是六个学生轮流担任，可以说是勇于创新了。

第三，说到“敢”，就要说一下深大“不包分配”的制度了。深圳大学是当时国内唯一一所不包分配的大学，深大毕业的学生能否找到工作，也成了所有老师的心病。有一位中文系的乐黛云老师，向学校提出把学生最后一年的大部分课程改成英语，并且凑钱请人来教学生开车。理由是该系学生毕业后，就业的主要目标职位是“高级秘书”，所以他们必须精通英语，并且要会开车。而这种在当时环境下看起来很“无理”的要求，学校居然批准了，这便是深大的果敢。

这就是年轻的深圳大学，它既符合特区的气质，又走到了时代的前头。

中国的流行音乐，在深圳诞生

因有着毗邻港澳的地理优势，深圳特区从诞生之始就成为港台地区流行音乐和西方流行音乐登陆内地的桥头堡。

一九八一年夏天，深圳的西沥水库度假村来了一批香港游客。游客们白天游玩，晚上无事可做，就搭了个帐篷，布置些彩灯，搬来录音机，一起跳舞娱乐，这就是深圳歌舞厅的雏形。港台音乐节奏简单，适合舞蹈，歌词贴近生活，很快就使歌舞厅在深圳流行起来。当时歌舞厅是开一家旺一家，客人都订不到房，而且结账时根本不讨价还价，都以能订到房为自家之事。

歌舞厅的红火，直接催生了改革开放之后内地第一代流行乐歌手的诞生。而很多香港一线、二线的歌星也来内地走穴。自此，深圳的流行音乐日益知名，很快就传遍大江南北。当时，深圳歌手周峰翻唱了根据日本歌星西城秀树的歌曲改编的《夜色阑珊》，连中央电视台都播出了这支音乐录影带。从深圳出来的何丽鸥、毛宁、杨钰莹等巨星大咖的音乐磁带也热销全国。

何丽鸥

林依轮

周笔畅

能在深圳唱出名的流行歌手都是相当厉害的。一九八八年，新成立的深圳市文化委员会（市文化局前身）开始对全市歌舞厅演出人员进行业务考核和定级，只有被评为四级以上的歌手才能够获得从业资格证书，只有有了证书才能在深圳流行音乐圈里立足。像戴军、陈明这些日后成名的歌手，当时也只能评到二级、三级。即使如此，没评上的歌者也不泄气，为了追求音乐梦想，他们不畏挫折。当年戴军和林依轮，就背着草席奔波在深圳各大歌舞厅之间演出。多少人在深圳这片流行音乐的土壤上成就了音乐梦想，走向了全国。

中国的流行音乐，在深圳诞生

因有着毗邻港澳的地理优势，深圳特区从诞生之始就成为港台地区流行音乐和西方流行音乐登陆内地的桥头堡。

1981年夏天，深圳的西沥水库度假村来了一批香港游客。游客们白天游玩，晚上无事可做，就搭了个帐篷，布置些彩灯，搬来录音机，一起跳舞娱乐，这就是深圳歌舞厅的雏形。港台音乐节奏简单，适合舞蹈，歌词贴近生活，很快就使歌舞厅在深圳流行起来。当时歌舞厅是开一家旺一家，客人都订不到房，而且结账时根本不讨价还价，都以能订到房为自豪之事。

歌舞厅的红火，直接催生了改革开放之后内地第一代流行乐歌手的诞生。而很多香港一线、二线的歌星也来内地走穴。自此，深圳的流行音乐日益知名，很快就传遍大江南北。当时，深圳歌手周峰翻唱了根据日本歌星西城秀树的歌曲改编的《夜色阑珊》，连中央电视台都播出了这支音乐录影带。从深圳走出的何丽鸥、毛宁、杨钰莹等歌星的音乐磁带也热销全国。

能在深圳唱出名的流行歌手都是相当厉害的。1988年，新成立的深圳市文化委员会（市文化局前身）开始对全市歌舞厅演出人员进行业务考核和定级，只有被评为四级以上的歌手才能够获得从业资格证书，只有有了证书才能在深圳流行音乐圈里立足。像戴军、陈明这些日后成名的歌手，当时也只能评到二级、三级。即使如此，没评上的歌者也不泄气，为了追求音乐梦想，他们不畏挫折。当年戴军和林依轮就曾骑着单车奔波在深圳各大歌舞厅之间演出。多少人在深圳这片流行音乐的土壤上成就了音乐梦想，走向了全国。

小贴士

从深圳走出来的流行音乐歌手（部分）

王虹	杨威	刘鸿	邓洁仪	陈思思	毛宁	杨钰莹	刘少文	吴江	隋宁	何丽鸥	卓小虹
玫瑰秀	左云	汪正正	刘小幻	丛飞	戴军	林依轮	陈楚生	周笔畅	凤凰传奇	唐磊	姚贝娜

大芬油画村：从“请来参观”到“请勿拍照”

一九九八年，《羊城晚报》发表了一篇名为《深圳有个画家村》的文章，从此，“大芬油画村”这个名字开始为人所知。不过，大芬最开始并不是什么油画村，而只是一个占地面积0.4平方千米，原住居民三百多人的经济落后的自然村，触目所及都是老土屋和铁皮棚。而改变这一切的居然是一个香港画商——黄江。

一九八六年，黄江在深圳罗湖的黄贝岭开设画厂，作品销往全国各地。由于当时黄贝岭的房租很高，黄江在多处考察后，决定将画厂搬到布吉二线关外的大芬村。一九八九年，黄江在大芬租了间一百多平方米的民房，雇用了一些年轻人作为画工，开始接一些临摹外国名画的订单。为了加快效率，黄江引入了流水线作业模式，一幅画由几个人分着画。比如一幅《蒙娜丽莎》，有的人专门画眼睛，有的人专门画嘴，一天能画十几幅同样的画。很快，大芬村的名气逐渐打了出去，越来越多的画家来到大芬。

二〇〇四年，大芬油画村成为首届深圳文博会唯一的分会场。村口脏黑旧楼房被改造成了艺术广场，菜市场被改造成了艺术展厅、画廊、咖啡厅等。大芬被改造一新，艺术氛围浓郁，大芬油画村也进入了发展的黄金时期。然而，二〇〇八年的金融危机使大芬油画村深受打击，订单大幅缩水，很多画廊倒闭，画家出走。这时，人们才认识到原创的重要性，年轻的画家开始自己创作，越来越多的油画企业在门前挂起“请勿拍照”的牌子以保护知识产权。大芬油画村的转型成为深圳从“深圳制造”到“深圳创造”的改变的一个缩影。

大芬油画村：从“请来参观”到“请勿拍照”

1998年，《羊城晚报》发表了一篇名为《深圳有个画家村》的文章，从此，“大芬油画村”这个名字开始为人所知。不过，大芬最开始并不是什么油画村，只是一个占地面积0.4平方千米、居民只有300多人的经济落后的自然村，触目所及都是老土屋和铁皮棚。而改变这一切的，居然是一个香港画商——黄江。

1986年，黄江在深圳罗湖的黄贝岭开设画厂，作品销往全国各地。由于当时黄贝岭的房租很高，黄江在多处考察后，决定将画厂搬到布吉二线关外的大芬村。1989年，黄江在大芬租了间100多平方米的民房，雇用了一些年轻人作为画工，开始接一些临摹外国名画的订单。为了加快效率，黄江引入了流水线作业模式，一幅画由几个人分着画。比如一幅《蒙娜丽莎》，有的人专门画眼睛，有的人专门画嘴，一天能画十几幅同样的画。很快，大芬村名气渐大，越来越多的画家来到大芬。

2004年，大芬油画村成为首届深圳文博会唯一的分会场，村口四栋黑旧楼房被改造成了艺术广场；菜市场被改造成了艺术展厅、画廊、咖啡厅等。大芬被改造一新，艺术氛围浓郁，大芬油画村也进入了发展的黄金时期。然而，2008年的金融危机使大芬油画村深受打击，订单大幅缩水，很多画廊倒闭，画家出走。这时，人们才认识到原创的重要性，年轻的画家开始自己创作，越来越多的油画企业在门前挂起“请勿拍照”的牌子以保护知识产权。大芬油画村的转型成为深圳从“深圳制造”到“深圳创造”的改变的一个缩影。

深南大道上的邓小平画像

来深圳的游客，选择的第一站多是去看深南大道上的邓小平画像，站在巨幅伟人画像前与伟人"合影"是很多人的愿望。说起这幅邓小平画像，其中的故事有很多。

曾经，一首《春天的故事》红遍了大江南北，这首歌曲的短片中就有深南大道上的邓小平画像，这版画像中身着中山装的邓小平凝视前方，身后的背景是深圳新市容，出现了新建成的深圳市民中心、音乐厅等建筑，并且出现了大海和红树林，画面上方是"坚持党的基本路线一百年不动摇"的标语。这是第四版画像，这幅画像最作为人熟知，不过第一版的邓小平画像更加传奇。

第一版邓小平画像是一九九二年六月二十八日出现在深圳市民眼前的，画面中邓小平右手伸向前方，背后是绚烂的朝晖。这幅长三十米，高十米的画像瞬间吸引了无数路人的目光。画像所在的位置是一个曾叫作"黄牛嘴"的地方，这里原来只有土路野地，现在则是高楼大厦林立，宽阔的马路四通八达。把邓小平画像立在这里，也有让领袖检验深圳发展成果之意。据说画像挂出后不久深圳就迎来强台风天气，荔枝公园和深南路上很多粗壮的大树都被吹倒，这幅画像却安然无恙，于是市民便说是邓小平的右手"挡住"了台风。实际上，为了不让台风毁坏画像，在台风来临之前，工作人员就拆掉了画像的部分铁画板，使风能够顺利通过，减少阻力，台风过去后又马上将铁画板装了回去。时至今日，邓小平画像依然立在深圳街头，时刻提醒着人们深圳通过改革开放得来的成就，也鞭策着人们继续前行。

深南大道上的邓小平画像

来深圳的游客，选择的第一站多是去看深南大道上的邓小平画像，站在巨幅伟人画像前与伟人“合影”是很多人的愿望。说起这幅邓小平画像，其中的故事有很多。

曾经，一首《春天的故事》红遍了大江南北，这首歌曲的短片中就有深南大道上的邓小平画像。这版画像中身着中山装的邓小平凝视前方，身后的背景是深圳新市容，出现了新建成的深圳市民中心、音乐厅等建筑，还有大海和红树林。画面上方是“坚持党的基本路线一百年不动摇”的标语。这是第四版画像，最为人熟知，不过第一版的邓小平画像更加传奇。

第一版邓小平画像是1992年6月28日出现在深圳市民眼前的，画面中邓小平右手伸向前方，背后是绚烂的朝晖。这幅长30米、高10米的画像瞬间吸引了无数路人的目光。画像所在的位置是一个曾叫作“黄牛嘴”的地方，这里原来只有土路野地，现在则是高楼大厦林立，宽阔的马路四通八达。把邓小平画像立在这里，也有让领袖检验深圳发展成果之意。据说画像挂出后不久深圳就迎来强台风天气，荔枝公园和深南路上很多粗壮的大树都被吹倒，这幅画像却安然无恙，于是市民便说是邓小平的右手“挡住”了台风。实际上，为了不让台风毁坏画像，在台风来临之前，工作人员就拆掉了画像的部分铁画板，使风能够顺利通过，减少阻力，台风过去后又马上将铁画板装了回去。

时至今日，邓小平画像依然立在深圳街头，时刻提醒着人们深圳通过改革开放得来的成就，也鞭策着人们继续前行。

再见，明斯克航母

"明斯克"这个名字对于深圳人来说并不陌生，从一九九八年八月落户盐田区沙头角，到二〇一六年四月告别深圳，明斯克航母静静地在港湾中陪伴了深圳人十八年。

明斯克航母是苏联在冷战时期建造的中型航空母舰，装备高级，性能优良。一九七八年，明斯克航母开始服役。由于苏联热衷于建造大型武器，却仅仅是"重建造，轻维护"，没有专用的大型码头来停靠航母，导致航母在停泊的时候也要保持主机全火待航，以防止舰艇随波逐流引发事故。最后明斯克航母满身故障，到一九九一年苏联解体的时候明斯克号的主机只能保障50%的输出功率了。

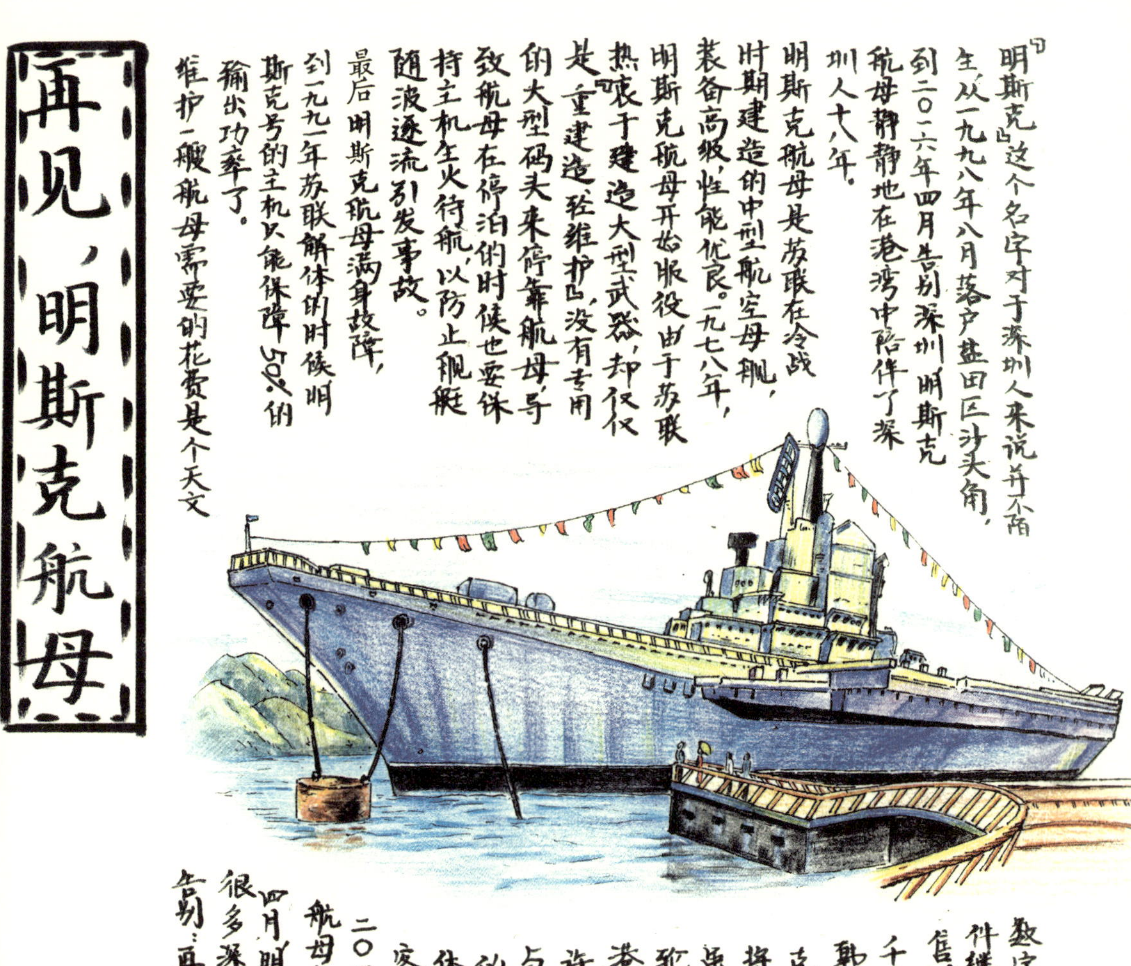

维护一艘航母需要的花费是个天文数字，由于当时的俄罗斯经济萧条，根本没有条件继续供养明斯克号，只好忍痛将它当作废铁出售。第一个买下明斯克号的是韩国，共花费一千三百万美元。可惜一九九七年亚洲金融风暴，韩国的经济遭受冲击，也无力继续研究明斯克号，只好以五百三十万美元廉价脱手，将它卖给了中国深圳的一家公司。

虽然明斯克号此时已经成了由一群拖轮牵引的无动力纪念船，但它来到深圳港湾的那一天仍然引起了巨大的轰动，许多深圳人全家出动到沙头角看航母，与航母合影。二〇〇〇年，明斯克航母停泊的港湾成了全球首个以航空母舰为主体的军事主题公园，每年吸引数十万游客前来参观。

二〇一六年新年，明斯克航母主题公园宣布闭园。四月，明斯克号驶离深圳，很多深圳人站在港口挥手告别：再见，明斯克号！

再见，明斯克航母

“明斯克”这个名字对于深圳人来说并不陌生，从1998年8月落户盐田区沙头角，到2016年4月告别深圳，明斯克航母静静地在港湾中陪伴了深圳人18年。

明斯克航母是苏联在冷战时期建造的中型航空母舰，装备高级，性能优良。1978年，明斯克航母开始服役。由于苏联热衷于建造大型武器，却仅仅是“重建造、轻维护”，没有专用的大型码头来停靠航母，导致航母在停泊的时候也要保持主机生火待航，以防止舰艇随波逐流引发事故。最后明斯克航母满身故障，到1991年苏联解体的时候，主机只能保障50%的输出功率了。

维护一艘航母需要的花费是个天文数字，由于当时的俄罗斯经济萧条，根本没有条件继续供养明斯克号，只好忍痛将它当作废铁出售。第一个买下明斯克号的是韩国，共花费1300万美元。可惜1997年亚洲金融风暴，韩国的经济遭受冲击，也无力继续研究明斯克号，只好以530万美元廉价脱手，将它卖给了中国深圳的一家公司。

虽然明斯克号此时已经成了由一群拖轮牵引的无动力纪念船，但它来到深圳港湾的那一天仍然引起了巨大的轰动。许多深圳人全家出动到沙头角看航母，与航母合影。2000年，明斯克航母停泊的港湾成了全球首个以航空母舰为主体的军事主题公园，每年吸引数十万游客前来参观。

2016年新年，明斯克航母主题公园宣布闭园。4月，明斯克号驶离深圳。很多深圳人站在港口挥手告别：再见，明斯克号！

小贴士

20世纪80年代，一个名叫久留岛龙夫的日本人曾以明斯克号为主角，写了一本假想苏联出动明斯克号航母，参加对日作战的军事科幻小说《明斯克号出击》。

中英街：界碑下天堑般的水泥缝

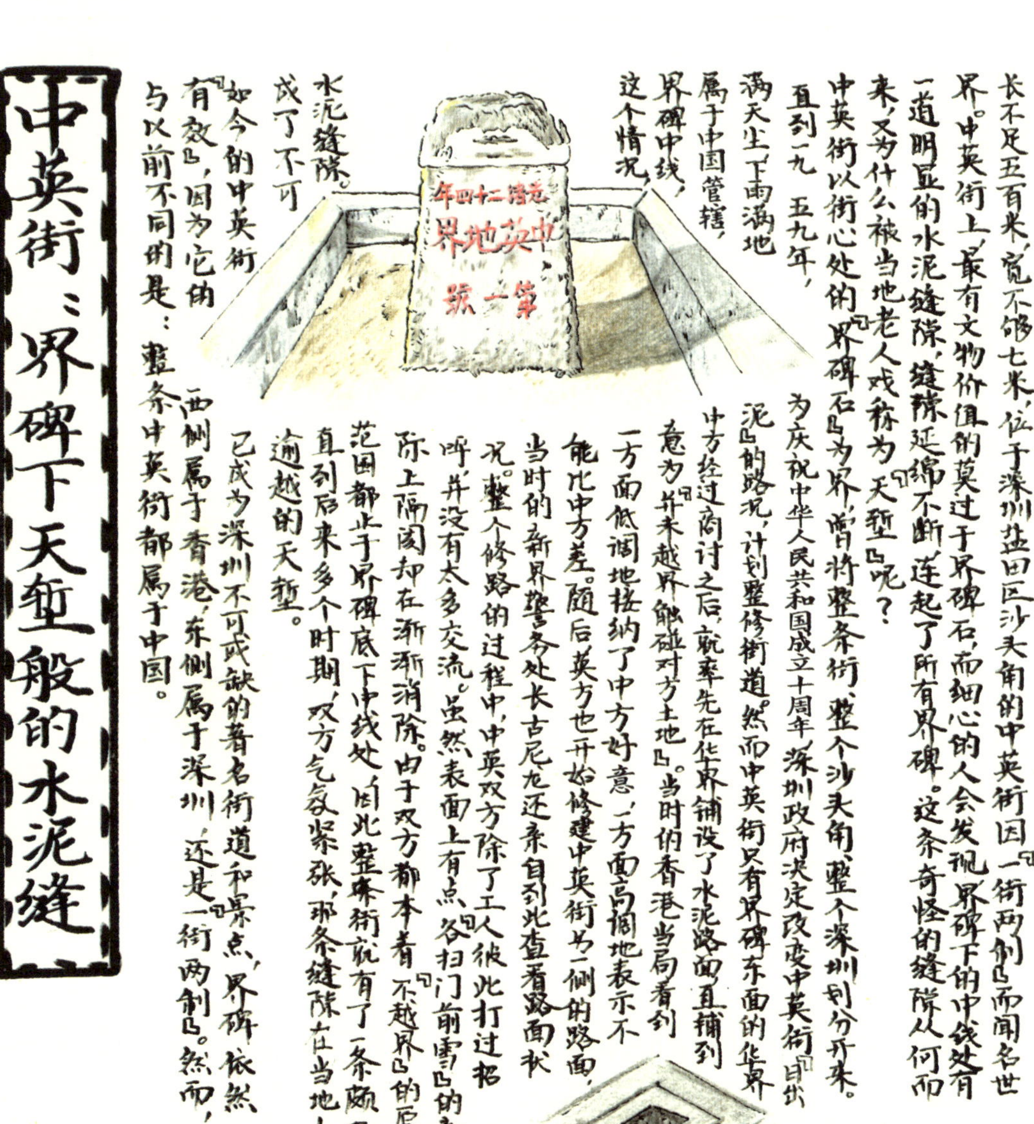

长不足五百米，宽不够七米，位于深圳盐田区沙头角的中英街因『一街两制』而闻名世界。中英街上，最有文物价值的莫过于界碑石，而细心的人会发现，界碑下的中线处有一道明显的水泥缝隙，缝隙延绵不断，连起了所有界碑。这条奇怪的缝隙从何而来，又为什么被当地老人戏称为『天堑』呢？

中英街以街心处的『界碑石』为界，曾将整条街、整个沙头角，整个深圳一分为二。直到一九五九年，为庆祝中华人民共和国成立十周年，深圳政府决定改变中英街『日出满天尘，下雨满地泥』的路况，计划整修街道。然而中英街只有界碑东面的华界属于中国管辖，中方经过商讨之后，就率先在华界铺设了水泥路面，直铺到界碑中线，意为『并未越界触碰对方土地』。当时的香港当局看到这个情况，一方面低调地接纳了中方好意，一方面高调地表示不能比中方差。随后英方也开始修建中英街另一侧的路面，当时的新界警务处长古尼龙还亲自到此查看路面状况。整个修路的过程中，中英双方除了工人彼此打过招呼，并没有太多交流。虽然，表面上有点『各扫门前雪』的意味，但实际上隔阂却在渐渐消除。由于双方都本着『不越界』的原则铺路的范围都止于界碑底下中线处，因此整条街就有了一条颇有味道的水泥缝隙。直到后来多个时期，双方气氛紧张，那条缝隙在当地人看来变成了不可逾越的天堑。

『如今的中英街已成为深圳不可或缺的著名街道和景点，界碑依然有效』，因为它的西侧属于香港，东侧属于深圳，还是『一街两制』。然而，与以前不同的是：整条中英街都属于中国。

中英街3·18警示日

1900年3月18日，沙头角勘界结束，中英街诞生，沙头角一分为二，变成了"新界沙头角"和"华界沙头角"。为了铭记国耻，振兴中华，自2002年开始，每年的3月18日上午10点，来自香港和深圳的代表就会一起撞响中英街历史博物馆前的警示钟。18声浑厚的钟响，在整条街久久回荡。

中英街：界碑下天堑般的水泥缝

长不足500米，宽不够7米，位于深圳盐田区沙头角的中英街因“一街两制”而闻名世界。中英街上，最有文物价值的莫过于界碑石，而细心的人会发现，界碑下的中线处有一道明显的水泥缝隙，缝隙延绵不断，连起了所有界碑。这条奇怪的缝隙从何而来，又为什么被当地老人戏称为“天堑”呢?

中英街以街心处的“界碑石”为界，曾将整条街、整个沙头角、整个深圳划分开来。直到1959年，为庆祝中华人民共和国成立10周年，深圳政府决定改变中英街“日出满天尘，下雨满地泥”的路况，计划整修街道。然而中英街只有界碑东面的华界属于中国管辖，中方经过商讨之后，就率先在华界铺设了水泥路面，直铺到界碑中线，意为“并未越界触碰对方土地”。当时的香港当局看到这个情况，一方面低调地接纳了中方好意，一方面高调地表示不能比中方差。随后，英方也开始修建中英街另一侧的路面，当时的新界警务处长古尼龙还亲自到此查看路面状况。整个修路的过程中，中英双方除了工人彼此打过招呼，并没有太多的交流。虽然表面上有点“各扫门前雪”的意味，但实际上隔阂却在渐渐消除。由于双方都本着“不越界”的原则，铺路的范围都止于界碑底下中线处，因此整条街就有了一条颇有味道的水泥缝隙。直到后来多个时期，双方气氛紧张，那条缝隙在当地人看来就变成了不可逾越的天堑。

如今的中英街已成为深圳不可或缺的著名街道和景点，界碑依然“有效”，因为它的西侧属于香港，东侧属于深圳，还是“一街两制”。然而，与以前不同的是，整条中英街都属于中国。

小贴士

1900年3月18日，沙头角勘界结束，中英街诞生，沙头角一分为二，变成了“新界沙头角”和“华界沙头角”。为了铭记国耻，振兴中华，自2002年开始，每年的3月18日上午10点，来自香港和深圳的代表就会一起撞响中英街历史博物馆前的警示钟。18声浑厚的钟响，在整条街久久回荡。

华强北：创客与『山寨』的王国

华强北是世界上最大的电子元器件集散地，很多人一边不齿华强北的『山寨』遍地，一边却又兴致勃勃地去那里淘货。难道华强北只有『山寨』吗？当然不是，华强北还是创客的天堂。

以前有人预言：『如果山寨垮了，那华强北也就垮了。』如今『山寨』不再流行，但华强北依然存在。华强北强大的电子元器件生产能力令世界瞩目，比如一个美国人想自己做手机，那么他在美国本土需要花三个月时间来收集材料，但在华强北只需一天。于是，创客们蜂拥而至，纷纷在华强北建立自己的品牌，利用遍地元件组装成千奇百怪的智能产品：智能剃胡刀、智能戒指、智能娃娃……许多国外电子爱好者被华强北的创造力惊呆，他们甚至认为与美国硅谷比起来，华强北才是全世界科技最先进的地方。

华强北的另一个优势是代工厂。不要以为代工厂就是只会加工成品的工厂，它们有着无可取代的创造力。比如英特尔要做超级本，提出要把键盘做薄。台湾团队的方案是做到4.5毫米的厚度，但成本很高，华强北这边给出3.7毫米的方案，但成本与普通键盘接近。最后，华强北成功做出商用化的成品并拿下了订单。这就是华强北被称为『中国电子第一街』的实力。

华强北对深圳人来说是一个既骄傲又矛盾的地方，它因『山寨』而兴起，却又被『山寨』所困扰。但今天，创客们的努力使华强北焕发出了另一种生机——因创造而美丽。

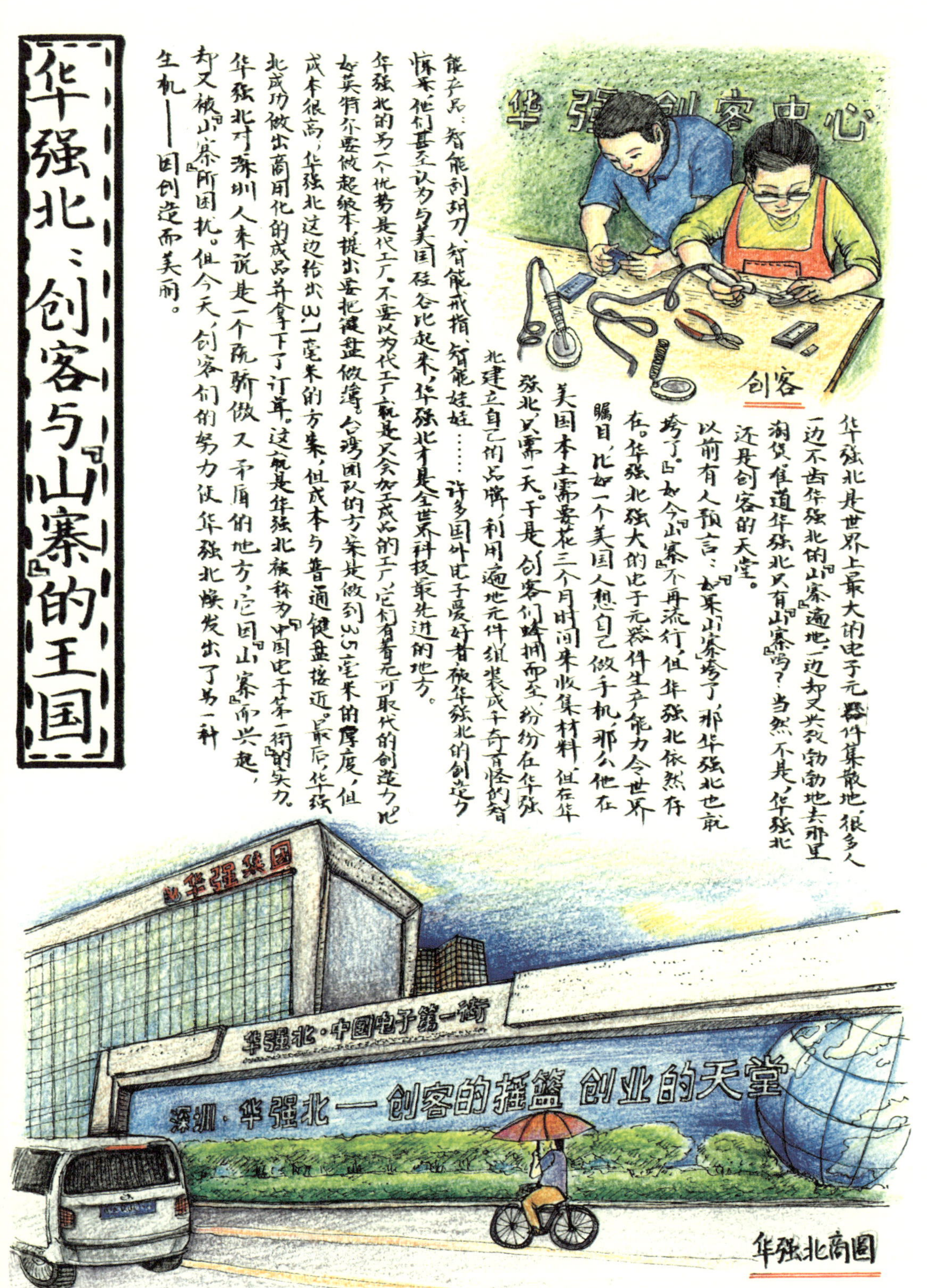

华强北：创客与“山寨”的王国

华强北是世界上最大的电子元器件集散地，很多人一边不齿华强北的“山寨”遍地，一边却又兴致勃勃地去那里淘货。难道华强北只有“山寨”吗？当然不是，华强北还是创客的天堂。

以前有人预言：“如果‘山寨’垮了，那华强北也就垮了。”如今“山寨”不再流行，但华强北依然存在。华强北强大的电子元器件生产能力令世界瞩目。比如一个美国人想自己做手机，那么他在美国本土需要花3个月时间来收集材料，但在华强北，只需要一天。于是，创客们蜂拥而至，纷纷在华强北建立自己的品牌，利用遍地的元件，组装成千奇百怪的智能产品：智能刮胡刀、智能戒指、智能娃娃……许多国外电子爱好者被华强北的创造力惊呆，有人甚至认为与美国硅谷比起来，华强北才是全世界科技最先进的地方。

华强北的另一个优势是代工厂。不要以为代工厂就是只会加工成品的工厂，它们有着无可取代的创造力。比如英特尔要做超级本，提出要把键盘做薄。台湾团队的方案是做到3.5毫米的厚度，但成本很高；华强北这边给出3.7毫米的方案，但成本与普通键盘接近。最后，华强北成功做出商用化的成品并拿下了订单。这就是华强北被称为“中国电子第一街”的实力。

华强北对深圳人来说是一个既骄傲又矛盾的地方，它因“山寨”而兴起，却又被“山寨”所困扰。但今天，创客们的努力使华强北焕发出了另一种生机——因创造而美丽。

特区1980的特别之处

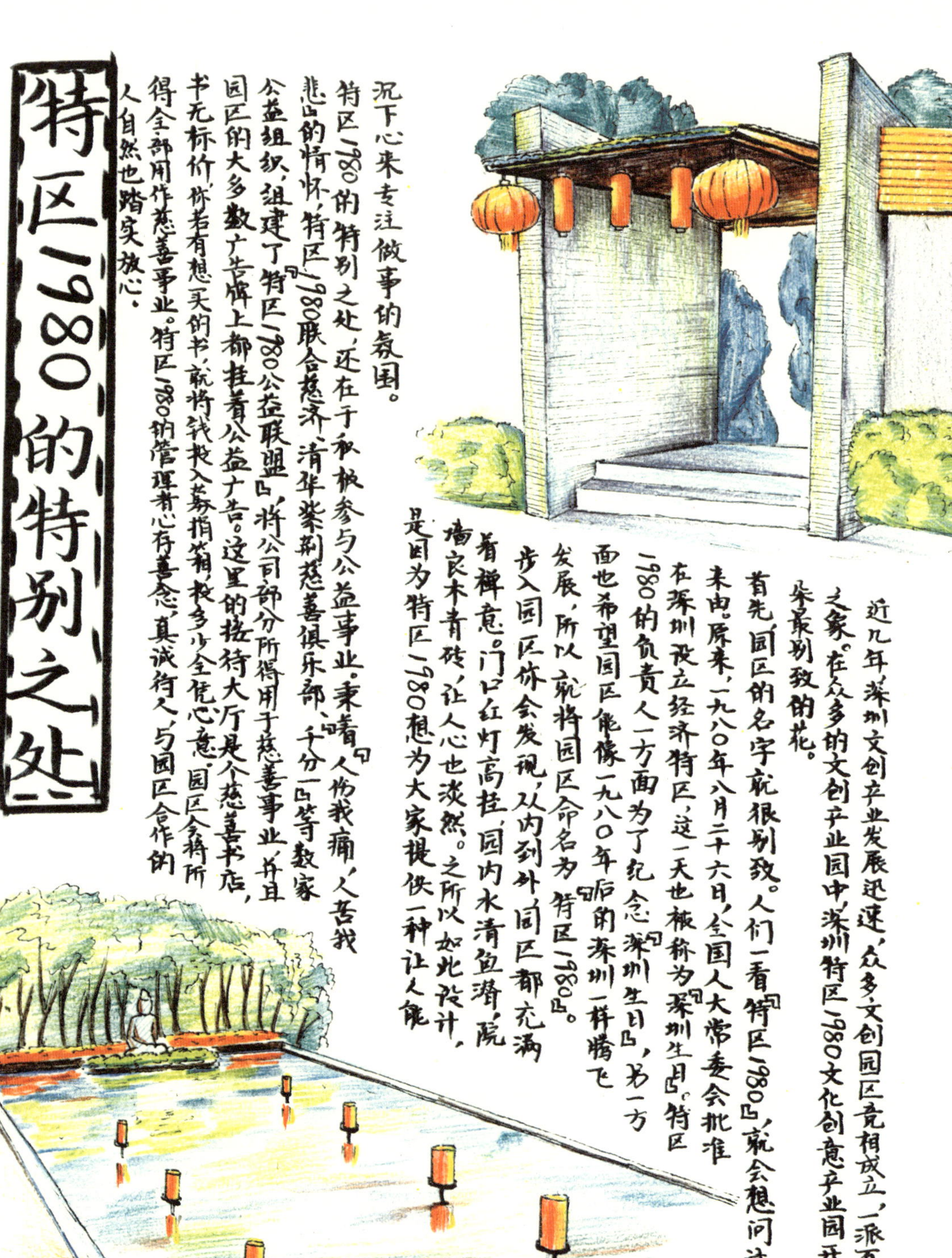

近几年，深圳文创产业发展迅速，众多文创园区竞相成立，一派百花争艳之象。在众多的文创产业园中，深圳特区1980文化创意产业园开出了一朵最别致的花。

首先，园区的名字就很别致。人们一看『特区1980』，就会想问这名字的来由。原来，一九八〇年八月二十六日，全国人大常委会批准在深圳设立经济特区，这一天也被称为『深圳生日』。特区1980的负责人一方面为了纪念『深圳生日』，另一方面也希望园区能像一九八〇年后的深圳一样腾飞发展，所以就将园区命名为『特区1980』。

步入园区你会发现，从内到外，园区都充满着禅意。门口红灯高挂，园内水清鱼游，院墙良木青砖，让人心也淡然。之所以如此设计，是因为特区1980想为大家提供一种让人能沉下心来专注做事的氛围。

特区1980的特别之处，还在于积极参与公益事业。秉着『人伤我痛，人苦我悲』的情怀，特区1980联合慈济、清华紫荆慈善俱乐部、『千分一』等数家公益组织，组建了『特区1980公益联盟』，将公司部分所得用于慈善事业，并且园区的大多数广告牌上都挂着公益广告。这里的接待大厅是个慈善书店，书无标价，你若有想买的书，就将钱投入募捐箱，投多少全凭心意。园区会将所得全部用作慈善事业。特区1980的管理者心存善念，真诚待人，与园区合作的人自然也踏实放心。

特区 1980 的特别之处

近几年，深圳文创产业发展迅速，众多文创园区竞相成立，一派百花争艳之象。在众多的文创产业园中，深圳特区1980文化创意产业园开出了一朵最别致的花。

首先，园区的名字就很别致。人们一看“特区1980”，就会想问这名字的来由。原来，1980年8月26日，全国人大常委会批准在深圳设立经济特区，这一天也被称为“深圳生日”。特区1980的负责人一方面为了纪念“深圳生日”，另一方面也希望园区能像1980年后的深圳一样腾飞发展，所以就将园区命名为“特区1980”。

步入园区你会发现，从内到外，园区都充满着禅意。园内水清鱼潜，院墙良木青砖，让人心也淡然。之所以如此设计，是因为特区1980想为大家提供一种让人能沉下心来专注做事的氛围。

特区1980的特别之处，还在于积极参与公益事业。秉着“人伤我痛，人苦我悲”的人文情怀，特区1980联合慈济、清华紫荆慈善俱乐部、“千分一”等数家公益组织，组建了“特区1980公益联盟”，将公司部分所得用于慈善事业，并且园区的大多数广告牌上都挂着公益广告。这里的接待大厅是个慈善书店，书无标价，你若有想买的书，就将钱投入募捐箱，投多少全凭心意。园区会将所得全部用作慈善事业。特区1980的管理者心存善念，真诚待人，与园区合作的人自然也踏实放心。

小贴士

深圳的文创园区（部分）

华侨城创意文化园	F518时尚创意园	深圳文化创意园	深圳书城中心城	雅昌艺术馆
华强文化科技集团	深大荔园	深圳西部国际珠宝城（宝立方）	大芬油画村	中国（深圳）新媒体广告产业园

第六章 风云人物

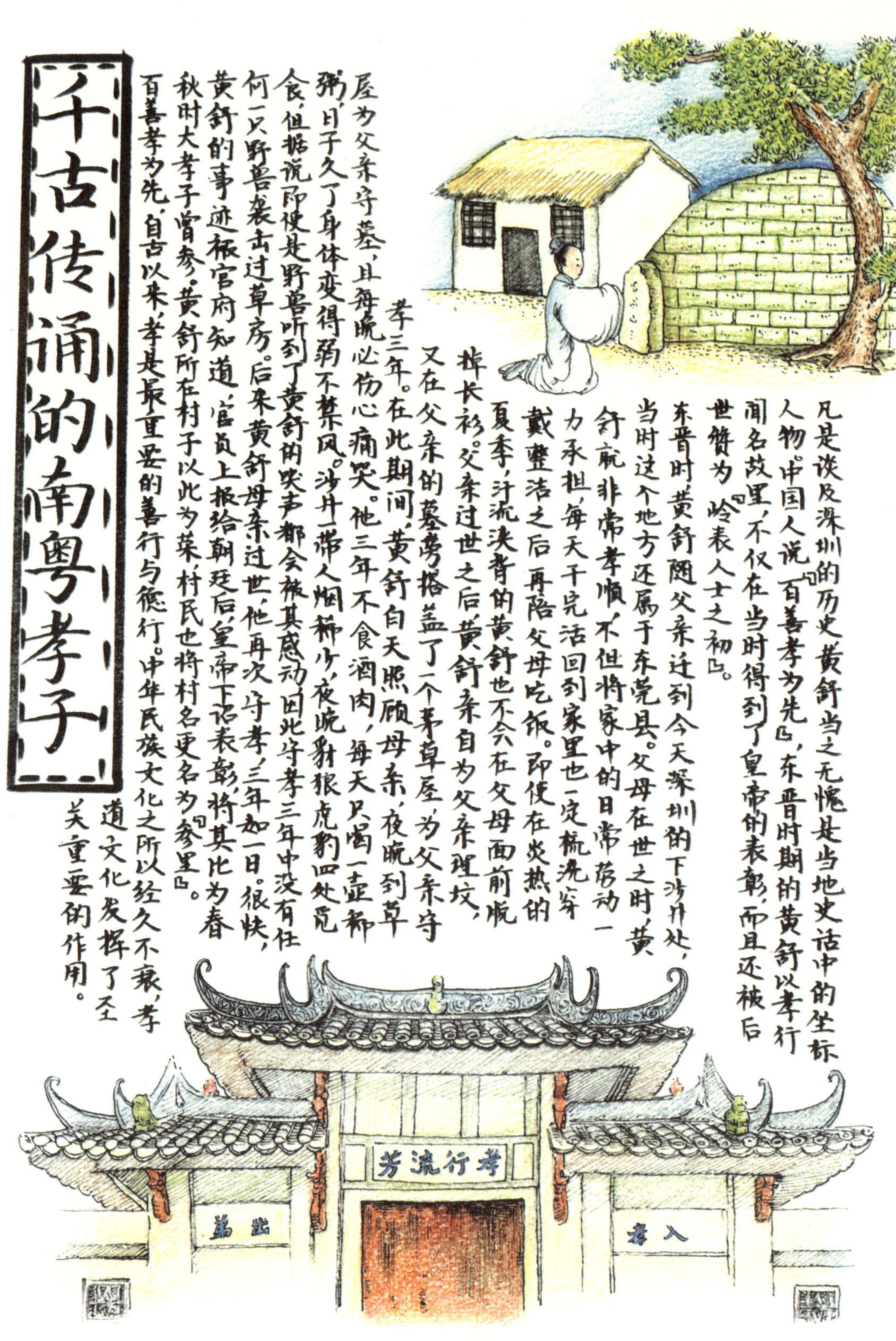

千古传诵的南粤孝子

凡是谈及深圳的历史，黄舒当之无愧是当地史话中的坐标人物。中国人说“百善孝为先”，东晋时期的黄舒以孝行闻名故里，不仅在当时得到了皇帝的表彰，而且还被后世赞为“岭表人士之初”。

东晋时黄舒随父亲迁到今天深圳的下沙井处，当时这个地方还属于东莞县。父母在世之时，黄舒就非常孝顺，不但将家中的日常劳动一力承担，每天干完活回到家里也一定梳洗穿戴整洁之后再陪父母吃饭。即使在炎热的夏季，汗流浃背的黄舒也不会在父母面前脱掉长衫。父亲过世之后黄舒亲自为父亲理坟，又在父亲的墓旁搭盖了一个茅草屋，为父亲守孝三年。在此期间，黄舒白天照顾母亲，夜晚到草屋为父亲守墓，且每晚必伤心痛哭。他三年不食酒肉，每天只喝一壶稀粥，日子久了身体变得弱不禁风。沙井一带人烟稀少，夜晚豺狼虎豹四处觅食，但据说即使是野兽听到了黄舒的哭声都会被其感动，因此守孝三年中没有任何一只野兽袭击过草房。后来黄舒母亲过世，他再次守孝，三年如一日。很快，黄舒的事迹被官府知道，官员上报给朝廷后，皇帝下诏表彰，将其比为春秋时大孝子曾参。黄舒所在村子以此为荣，村民也将村名更名为“参里”。百善孝为先，自古以来，孝是最重要的善行与德行。中华民族文化之所以经久不衰，孝道文化发挥了至关重要的作用。

千古传诵的南粤孝子

凡是谈及深圳的历史，黄舒当之无愧是当地史话中的坐标人物。中国人说“百善孝为先”，东晋时期的黄舒以孝行闻名故里，不仅在当时得到了皇帝的表彰，而且还被后世赞为“岭表人士之初”。

东晋时，黄舒随父亲迁到今天深圳的下沙井处，当时这个地方还属于东莞县。父母在世之时，黄舒就非常孝顺，不但将家中的日常劳动一力承担，每天干完活回到家里，也一定梳洗穿戴整洁之后再陪父母吃饭。即使在炎热的夏季，汗流浃背的黄舒也不会在父母面前脱掉长衫。父亲过世之后，黄舒亲自为父亲理坟，又在父亲的墓旁搭盖了一个茅草屋，为父亲守孝三年。在此期间，黄舒白天照顾母亲，夜晚到草屋为父亲守墓，且每晚必伤心痛哭。他三年不食酒肉，每天只喝一壶稀粥，日子久了身体变得弱不禁风。沙井一带人烟稀少，夜晚豺狼虎豹四处觅食，但据说即使野兽听到了黄舒的哭声都会被其感动，因此三年中没有任何一只野兽袭击过草房。后来黄舒母亲过世，他再次守孝，三年如一日。很快，黄舒的事迹被官府知道，官员上报给朝廷后，皇帝下诏表彰，将其比为春秋时的大孝子曾参。黄舒所在村子以此为荣，村民也将村名更名为“参里”。

百善孝为先，自古以来，孝是最重要的善行与德行。中华民族文化之所以经久不衰，孝道文化发挥了至关重要的作用。

耕读传家的陈氏一族
深圳西部是广府方言的主要区域，其中宝安沙井一带的陈氏一族名望非凡，始祖陈朝举被公认为『最早开发深圳西部的奠基人』。然而，更加深入人心的是陈朝举『耕读传家』的理念，这一理念也对深圳文化的发展产生了重大的影响。
北宋末年，陈朝举率家人经福建侯官迁入广东南雄珠玑巷。至南宋中期，陈朝举再次率领全族人以农耕为本，同时不忘苦读。陈朝举身为族长，无论是入盐田劳作还是耕种农田，都会带上一本书，劳动之余就读上一读。慢慢地，陈氏一族耕读并重，以诗书继世。
陈朝举的子嗣中，长子陈康道被朝廷征召，他却婉言拒绝；次子陈康适担任盐官，政绩斐然；三子陈康远被举孝廉，却也隐居不仕。陈朝举本人相貌堂堂，师出名门，从学于朱熹门下，南宋授正议大夫。后人总结评价陈朝举的思想为：时间流逝，面容易改，财富易逝，唯大地不变，诗书可承，耕者读者，方能传家。『耕』代表了勤恳的态度，『读』表达了明理的志向。为人明理，做事勤恳，这也是深圳人在飞速发展中坚守的理念。
沙井古称龙津。沙井兴起与陈氏家族有关。北宋末年，为避乱，陈氏经福建侯官迁入广东南雄珠玑巷。南宋中期，陈朝举迁入归德盐场(现在的沙井、松岗等一带)涌口里。当时古深圳地区的盐业已经非常发达，归德盐场的附近，有一个叫云林的地方，已经比较繁荣，陈氏就在云林的附近定居生活。这里入海河道多沙，掘井时沙很多，就取地名为沙井。

耕读传家的陈氏一族

深圳西部是广府方言的主要区域，其中宝安沙井一带的陈氏一族名望非凡，始祖陈朝举被公认为“最早开发深圳西部的奠基人”。然而，更加深入人心的是陈朝举“耕读传家”的理念，这一理念也对深圳文化的发展产生了重大影响。

北宋末年，陈朝举率家人经福建侯官迁入广东南雄珠玑巷。至南宋中期，陈朝举再次率领全族迁入归德盐场（今沙井一带）。迁居到沙井之后，陈朝举勉励族人以农耕为本，同时不忘苦读。而他身为族长，无论是入盐田劳作还是耕种农田，都会带上一本书籍，劳动之余就读上一读。慢慢地，陈氏一族耕读并重，以诗书继世。陈朝举的子嗣中，长子陈康道被朝廷征召，却婉言拒绝；次子陈康适担任盐官，政绩斐然；三子陈康运被举孝廉，却也隐居不仕。陈朝举本人相貌堂堂，师出名门，从学于朱熹门下，南宋授正议大夫。后人总结评价陈朝举的思想为：时间流逝，面容易改，财富易逝，唯大地不变，诗书可承，耕者读者，方能传家。

“耕”代表了勤恳的态度，“读”表达了明理的志向。为人明理，做事勤恳，这也是深圳人在飞速发展中坚守的理念。

韩山文在深圳

了解太平天国这段历史的人对于洪仁玕这个人物应该有印象，他是洪秀全的族人，是《资政新篇》的作者，是太平天国统治阶层里少有的文化人。但对洪仁玕有重要影响的人物韩山文却鲜有人知。

一八四六年，瑞典巴色会传教士韩山文来到中国传教，最初在香港，两年后来到广东。最初，韩山文在沙头角租了一间屋子，挨家挨户给当地的客家人布道，可惜大部分时间无人理会他。反倒是偶尔有人上门求医，韩山文便边给别人治病边传道，久而久之，他的住所成了远近闻名的"慈善医院"。之后，韩山文在这里建了第一个客家人教会和近代第一所客家人新式学校。为了降低与客家人交流的难度，韩山文编辑了一本客家话字典，可惜没能发行，后来这本字典被并入著名的《英客字典》中。

一八五二年，四处躲避清兵追捕的洪仁玕投奔了当时在布吉丰和墟布道的韩山文，虽是萍水相逢，但韩山文还是收留了他。经过几番接触与讨论，洪仁玕接受韩山文的建议，受洗入教，成了一名基督徒。闲暇之余洪仁玕会给韩山文讲述太平军起义以来的事情，韩山文则将他口述的资料记载下来，用英文编辑成册，写成《洪秀全之异梦和广西暴动的起源》一书，后来在英国出版时改名为《太平天国起义记》，是极为稀有的记录太平天国这段历史的著作。

韩山文最早向客家人传播近代西方文化与先进科学，也为后人研究太平天国历史提供了珍贵的资料。

韩山文在深圳

了解太平天国这段历史的人对于洪仁玕这个人物应该有印象，他是洪秀全的族人，是《资政新篇》的作者，是太平天国统治阶层里少有的文化人。但对洪仁玕有重要影响的人物韩山文却鲜有人知。

1846年，瑞典巴色会传教士韩山文来到中国传教，最初在香港，两年后来到广东。一开始，韩山文在沙头角租了一间屋子，挨家挨户给当地的客家人布道，可惜大部分时间无人理会他。反倒是偶尔有人上门求医，韩山文于是边给他人治病边传道，久而久之，他的住所成了远近闻名的“慈善医院”。之后，韩山文在这里建了第一个客家人教会和近代第一所客家人新式学校。为了降低与客家人交流的难度，韩山文编辑了一本客家话字典，可惜没能发行，后来这本字典被并入著名的《英客字典》中。

1852年，四处躲避清兵追捕的洪仁玕投奔了当时在布吉丰和墟布道的韩山文，虽是萍水相逢，但韩山文还是收留了他。经过几番接触与讨论，洪仁玕接受韩山文的建议，受洗入教，成了一名基督徒。闲暇之余，洪仁玕会给韩山文讲述太平军起义以来的事情，韩山文则将他口述的资料记载下来，用英文编辑成册，写成《洪秀全之异梦和广西暴动的起源》一书，后来在英国出版时改名为《太平天国起义记》，是极为稀有的记录太平天国这段历史的著作。

韩山文最早向客家人传播近代西方文化与先进科学，也为后人研究太平天国历史提供了珍贵的资料。

平湖有个刘铸伯

平湖火车站附近有个叫迷昌围的小村子，村里人都姓刘，虽然地方小，但这个村子出过一位平湖人尽皆知的大善人——刘铸伯。

刘铸伯不是迷昌围本地人，他的母亲伍氏是平湖伍屋围人，出嫁到东莞县大坪村，新婚后不久丈夫去世。大坪村人不愿收留寡妇和遗腹子，便把伍氏送回了娘家。而娘家也认为这不吉利，又将伍氏安排到附近的迷昌围居住，刘铸伯就在这里长大。伍氏很感激村民的大度和包容，便让自己的儿子改姓刘，娘俩都把迷昌围当作自己的老家。

刘铸伯渐渐长大，并且聪颖好学，伍氏为了给儿子一个更好的未来，便带着刘铸伯去香港求学。伍氏靠着给人缝补衣服、打散工赚钱供刘铸伯上了中央学院后，刘铸伯的才能得到了一位潘姓高官的赏识，这位高官资助他到英国牛津大学深造，并把女儿嫁给了他。回国后的刘铸伯开始大展拳脚，香港受洪涝灾害时募捐了十万龙洋寄给香港慈善会，一举成名。后来，刘铸伯又当上了屈臣氏大药房的首位华人总长，三十出头就成了香港中华总商会的主席。

功成名就的刘铸伯没有忘记平湖，他常常回去探望在平湖休养的母亲。看到贫穷落后的家乡，刘铸伯决定改造平湖，陆续建起了平湖火车站、念妇贤医院、纪劬劳学校、振兴公司、昌裕公司等，大大改变了平湖的面貌。并且，刘铸伯很重视这些新工程的质量，让专人督工，还从国外和香港运来建材，连砖都是专门烧制的，上面盖有红印。

刘铸伯的善举到今天仍然感动着平湖人，甚至连孩子都能讲出刘铸伯的故事。这也是"慈善"的真意。

平湖有个刘铸伯

平湖火车站附近有个叫述昌围的小村子，村里人都姓刘，虽然地方小，但这个村子出过一位平湖人尽皆知的大善人——刘铸伯。

刘铸伯不是述昌围本地人，他的母亲伍氏是平湖伍屋围人，出嫁到东莞县大坪村，新婚后不久丈夫去世。大坪村人不愿收留寡妇和遗腹子，便把伍氏送回了娘家。而娘家也认为这不吉利，又将伍氏安排到附近的述昌围居住，刘铸伯就在这里长大。伍氏很感激村民的大度和包容，便让自己的儿子改姓刘，娘俩都把述昌围当作自己的老家。

刘铸伯渐渐长大，并且聪颖好学，伍氏为了给儿子一个更好的未来，便带着刘铸伯去香港求学。伍氏靠着给人缝补衣服、打散工赚钱供刘铸伯上了中央学院后，刘铸伯的才能得到了一位潘姓高官的赏识，这位高官资助他到英国牛津大学深造，并把女儿嫁给了他。回国后的刘铸伯开始大展拳脚，在香港受洪涝灾害时募捐了十万龙洋寄给香港慈善会，一举成名。后来，刘铸伯又当上了屈臣氏大药房的首位华人总长，三十几岁就成了香港中华总商会的主席。

功成名就的刘铸伯没有忘记平湖，他常常回去探望在平湖休养的母亲。看到贫穷落后的家乡，刘铸伯决定改造平湖，陆续建起了平湖火车站、念妇贤医院、纪劬劳学校、振兴公司、昌裕公司等，大大改变了平湖的面貌。并且，刘铸伯很重视这些新工程的质量，让专人督工，还从国外和香港运来建材，连砖都是专门烧制的，上面盖有红印。

刘铸伯的善举到今天仍然感动着平湖人，甚至连孩子都能讲出刘铸伯的故事，这也是“慈善”的真意。

小贴士

刘铸伯平息“杯葛电车运动”

“杯葛”是英文“boycott”的粤语音译，意为联合抵制。1912年，广州及华南地区通行的硬币“银双毫”严重贬值，香港电车公司禁止乘客以此支付车资，引发市民游行并阻止乘客搭乘电车，导致港岛交通混乱不堪。港府出动警察维持秩序，又由官员出面劝说抗议民众，均未果，只有请刘铸伯居中调停。刘铸伯与数位华人工商领袖带头坐电车，这才平复了市民情绪。

中国第一位女律师

她是中国历史上第一位女性、博士、第一位女性律师、第一位省级女性政务官、第一位地方法院女性院长与审检两厅厅长，她就是郑毓秀，开风气之先的女中翘楚。郑毓秀一生传奇之事不知凡几，其中最被后人津津乐道的，莫过于她代理梅兰芳与孟小冬离婚案一事。

一九二四年，郑毓秀获得巴黎大学法学博士学位，但当时中国不允许女性做律师，就连在国际混合法庭中都不行，所以郑毓秀只能在法租界与丈夫联合开了一家律师事务所。起初几年，郑毓秀作为一位律师战绩辉煌，但始终名不见经传。直到一九三一年，梅兰芳与孟小冬感情走到尽头，孟小冬在当时《天津商报》记者沙大风的推荐下，正式聘请郑毓秀为法律顾问，代理自己与梅兰芳的离婚案。当时梅兰芳和孟小冬都是梨园大咖，双方的戏迷粉丝都非常多，其中不乏政客、巨商及各界要人，因此郑毓秀作为孟小冬律师向梅兰芳讨要说法一事，一时间成为全国性的大新闻。最终，梅兰芳拿出四万元平息事件。梅兰芳当时手头并不宽裕，为了拿出这笔钱，还将心爱的北平无量大人胡同的花园住宅卖掉。自此之后，来找郑毓秀代理法律事务的人络绎不绝，代理费动辄以万计。

郑毓秀以女性的身份在法律界拥有了非凡的成就和威望，因此成为了第一位参与起草《中华民国民法典草案》的女性，将妇女婚姻自主权第一次写进了法律条文之中。

中国第一位女律师

她是中国历史上第一位女性博士、第一位女性律师、第一位省级女性政务官、第一位地方法院女性院长与审检两厅厅长，她就是郑毓秀，开风气之先的女中翘楚。郑毓秀一生传奇之事不知凡几，其中最被后人津津乐道的，莫过于她代理梅兰芳与孟小冬离婚案一事。

1924年，郑毓秀获得巴黎大学法学博士学位，但当时中国不允许女性做律师，就连在国际混合法庭中都不行，所以郑毓秀只能在法租界与丈夫联合开了一家律师事务所。起初几年，郑毓秀作为一位律师战绩辉煌，但始终名不见经传。直到1931年，梅兰芳与孟小冬感情走到尽头，孟小冬在当时《天津商报》记者沙大风的推荐下，正式聘请郑毓秀为法律顾问，代理自己与梅兰芳的离婚案。当时梅兰芳和孟小冬都是梨园大咖，双方的戏迷粉丝都非常多，其中不乏政客、巨商及各界要人，因此郑毓秀作为孟小冬律师向梅兰芳讨要说法一事，一时间成为全国性的大新闻。最终，梅兰芳拿出4万元平息事件。梅兰芳当时手头并不宽裕，为了拿出这笔钱，还将心爱的北平无量大人胡同的花园住宅卖掉。自此之后，来找郑毓秀代理法律事务的人络绎不绝，代理费动辄以万计。

郑毓秀以女性的身份在法律界拥有了非凡的成就和威望，因此成了第一位参与起草《中华民国民法典草案》的女性，将妇女婚姻自主权第一次写进了法律条文之中。

袁庚：时间就是金钱，效率就是生命

袁庚这个名字对深圳人来说绝不陌生，因为“时间就是金钱，效率就是生命”这句诠释了深圳速度的名言就出自他。他是一位传奇的世纪老人，他与深圳的故事至今为人乐道。

一九四九年以前，袁庚是东江纵队负责人，改革开放后，袁庚是招商局第二十九代掌门人，“蛇口试管”的缔造者。即使是这样一位为深圳发展作出杰出贡献的人，也有后悔的事情。一九七八年，袁庚起草了一份《关于充分利用香港招商局问题给国务院的请示》，得到了大干一场的契机，但彼时香港已是寸土寸金，反而与香港遥遥相望的深圳还是一块处女地，袁庚便萌生了在深圳划一块试验地作为改革开放的“试管”的想法，这就是蛇口工业区。划地的时候，李先念用笔将整个南头半岛都划给袁庚，但袁庚没敢要——蛇口是自筹资金、自担风险的事业——只要了2.14平方千米的土地。直到后来，袁庚后悔了，如果当初划下更大的舞台，也许今天的深圳会更美好。

袁庚被誉为“中国改革开放实际运作第一人”，在“时间就是金钱，效率就是生命”这句话的影响下，深圳不断缔造了一个又一个奇迹。

袁庚：时间就是金钱，效率就是生命

袁庚这个名字对深圳人来说绝不陌生，因为“时间就是金钱，效率就是生命”这句诠释了深圳速度的名言就出自他。他是一位传奇的世纪老人，与深圳的故事至今为人乐道。

中华人民共和国成立前，袁庚是东江纵队负责人，改革开放后，袁庚是招商局第29代掌门人、蛇口“试管”的缔造者。即使是这样一位为深圳发展作出杰出贡献的人，也有后悔的事情。

1978年，袁庚起草了一份《关于充分利用香港招商局问题给国务院的请示》，得到了大干一场的契机，但彼时香港已是寸土寸金，反而与香港遥遥相望的深圳还是一块处女地，袁庚便萌生了在深圳划一块试验地作为改革开放的“试管”的想法，这就是蛇口工业区。划地的时候，李先念用笔将整个南头半岛都划给袁庚，但袁庚没敢要——蛇口是自筹资金、自担风险的事业——只要了2.14平方千米的土地。直到后来，袁庚后悔了，如果当初划下更大的舞台，也许今天的深圳会更美好。

袁庚被誉为“中国改革开放实际运作第一人”。在“时间就是金钱，效率就是生命”这句话的影响下，深圳不断缔造了一个又一个奇迹。

蒋开儒讲述春天的故事
春天的故事
蒋开儒这个名字对于年轻人来说稍显陌生，也许有些年轻人连《春天的故事》和《走进新时代》这两首歌都没听过，但深圳人对这个名字和他留下的旋律却是再熟悉不过。一首《春天的故事》唱出了改革开放以后深圳翻天覆地的改变。
一九七九年，在黑龙江文化馆当创作员的蒋开儒飞到香港与家人团聚。他亲身经历了改革开放带来的巨大改变，亲眼看到与香港遥遥相望的深圳这一片不毛之地崛起了座座高楼大厦，见证了深圳人快速致富的一个个传奇。一九九二年，一篇名为《东方风来满眼春》的通讯触动了蒋开儒，五十七岁高龄的他不顾家人劝阻，揣着两千块钱就去了深圳。在这个平均年龄二十七岁的新城市里，蒋开儒是名副其实的老人，但他却凭借一首《春天的故事》，在青年才俊辈出的广东省青春歌曲创作大赛深圳赛区上夺得金奖。这首歌后来被拍成短片，传进了千家万户，让更多的人了解到深圳正在发生的变化，也让蒋开儒成为最有名的红色歌曲作词者之一。每当熟悉的旋律响起，辛勤工作的人们都会不由自主地跟着唱起，仿佛浑身更有力气。后来，蒋开儒又为香港回归写了《走进新时代》，这首歌同样风靡全国，甚至全世界。蒋开儒认为，好歌就像阳光，可以跨越国界，不管是红色歌曲还是流行歌曲，只有普罗大众都觉得是好歌，那才是好歌。在全民畅谈中国梦的时候，蒋开儒又创作了一首《中国梦》，作为老百姓，他也想讲讲自己的梦。
蒋开儒为深圳特区写的歌词：
不讲谦虚，讲自信；
不排辈分，排成绩；
不找市长，找市场；
不拜灶王，拜财神。
蒋开儒

蒋开儒讲述春天的故事

蒋开儒这个名字对于年轻人来说稍显陌生，也许有些年轻人连《春天的故事》和《走进新时代》这两首歌都没听过，但深圳人对这个名字和他留下的旋律却是再熟悉不过。一首《春天的故事》，唱出了改革开放以后深圳翻天覆地的改变。

1979年，在黑龙江文化馆当创作员的蒋开儒飞到香港与家人团聚。他亲身经历了改革开放带来的巨大改变，亲眼看到与香港遥遥相望的深圳这一片不毛之地崛起了座座高楼大厦，见证了深圳人快速致富的一个个传奇。1992年，一篇名为《东方风来满眼春》的通讯触动了蒋开儒，57岁高龄的他不顾家人劝阻，揣着两千块钱就去了深圳。在这个人口平均年龄27岁的新城市里，蒋开儒是名副其实的老人，但他却凭借一首《春天的故事》，在青年才俊辈出的广东省青春歌曲创作大赛深圳赛区上夺得金奖。这首歌曲后来被拍成音乐短片，传进了千家万户，让更多的人了解到深圳正在发生的变化，也让蒋开儒成为最有名的红色歌曲作词者之一。每当熟悉的旋律响起，辛勤工作的人们都会不由自主地跟着唱，仿佛浑身更有力气。

后来，蒋开儒又为香港回归写了《走进新时代》，这首歌同样风靡全国甚至全世界。蒋开儒认为，好歌就像阳光，可以跨越国界，不管是红色歌曲还是流行歌曲，只有普罗大众都觉得好，那才是好歌。

在全民畅谈中国梦的时候，蒋开儒又创作了一首《中国梦》，作为老百姓，他也想讲讲自己的梦。

小贴士

老伴给蒋开儒写信打听特区人是什么样的，回信时，蒋开儒给她写了个顺口溜："特区的女人怕热，特区的男人怕冷。三伏天的男人们，西装革履，高贵锁衣领。三九天的女人们，袒胸露背，华丽飘短裙。不讲谦虚讲自信，不排辈分排股份。不找市长找市场，不拜灶王拜财神。不求安稳求创新，不惜汗水惜光阴。光阴就是时间，时间就是金钱，效率就是生命。"

图书在版编目（CIP）数据

深圳城事绘 / 马达著. -- 青岛 : 青岛出版社,
2018.7
ISBN 978-7-5552-7151-2

Ⅰ. ①深… Ⅱ. ①马… Ⅲ. ①旅游指南－深圳 Ⅳ.
①K928.965.3

中国版本图书馆CIP数据核字(2018)第140771号

书　　名 深圳城事绘
著　　者 马　达
绘　　图 孙　聪　田霄霄　韩晔君　邰永健
写　　作 高文方　曹雪贞　蒋云飞
书　　法 王平胜
出版发行 青岛出版社
社　　址 青岛市海尔路 182 号（266061）
本社网址 http://www.qdpub.com
邮购电话 13335059110　0532–85814750（传真）0532– 68068026
策　　划 马克刚　张　晓
责任编辑 刘　冰　韦雨涓
整体设计 戊戌同文
印　　刷 青岛浩鑫彩印有限公司
出版日期 2018 年 7 月第 1 版　2018 年 7 月第 1 次印刷
开　　本 16 开（787mmx1092mm）
印　　张 11.75
字　　数 200 千
印　　数 1 – 6000
书　　号 ISBN 978–7–5552–7151–2
定　　价 48.00元

编校印装质量、盗版监督服务电话　4006532017　0532–68068638
建议陈列类别：文化旅游